누구나 알아야 할

훈민정음 한글이야기

한글이 더욱 위대한 것은 한글 창제 원리와 참뜻이 오롯이 담겨 있는 훈민정음 해례본이 남아 있기 때문입니다. 이 해례본은 일제 말기인 1940년에 발견되어 간송 전형필 조부께서 소장하여 오늘날까지 잘 보관되어 최고의 책으로 평가받고 있습니다. 김슬옹 교수께서는 이 책을 직접 보고 해설한 분이십니다. 훈민정음학 박사이신 김슬옹 교수께서 쉽게 풀어쓴 이 책을 통해 많은 어린이들이 한글에 담긴 세종대왕과 간송 전형필 선생의 숭고한 정신을 배웠으면 합니다.

– 전인건(간송미술관 관장, 간송 전형필 친손)

누구나 알아야 할

훈민정음 한글이야기

김슬옹 글 · 강수현 그림

글누림

소리를 닮은 글자, 28자에 담긴 세종의 꿈

15세기에 백성을 사랑하고 이 세상의 온갖 소리를 품으려는 임금이 있었답니다. 그렇지요. 보이는 소리글자를 만든 세종이에요.

이 책은 세종대왕의 훈민정음에 담긴 28자의 꿈을 어린 아이들과 나누기 위해 썼습니다. 그래서 28가지 이야기라고 했지요. 지금 한글의 기본자는 24자이지만 세종대왕이 처음 만들었을 때 기본자는 28자였어요. 자음 17자, 모음 11자, 28자는 자음 다섯 자(ㄱ, ㄴ, ㅁ, ㅅ, ㅇ), 모음 세 자(ㆍ, ㅡ, ㅣ)를 가지고 만든 것이지요.

세종이 이렇게 쉽고도 과학적인 글자를 통해 이루고자 하는 꿈은 무엇이었을까요. 그 꿈은 멀리 있지 않았어요. 이 세상의 모든 소리를 정확하면서도 맘껏 적는 글자를 만들고 싶어 했어요. 그것도 한두 시간이면 배울 수 있는 쉬운 문자를 만들었지요.

그럼 이런 쉬운 문자는 왜 만들었을까요. 그 답은 세종이 어렸을 때부터 좋아했던 책읽기에 있어요. 22살에 임금이 된 세종은 백성들이 책을 읽고 지식과 정보를 나눌 수 있기를 꿈꾸었지요. 그런데 한문은 너무 어려워 무려 20년은 배워야 맘껏 쓸 수 있었어요. 우리 글자도 아니었구요.

우리의 생각과 느낌을 맘껏 적을 수 있는 글자를 만든 것은 기적이었어요. 미국 초등학교 어린이들은 초등학교를 졸업해도 열에 셋은 제대로 책을 못 읽는대요. 우리는 1학년이면 누구나 쓰고 읽을 수 있지요.

이 책은 다섯 마당으로 구성했어요.

첫째 물의 마당. 훈민정음(한글) 창제 이야기
둘째 나무의 마당. 훈민정음을 만든 과학과 자연의 원리
셋째 불의 마당. 한글의 특징
넷째 쇠의 마당. 한글 역사 이야기
다섯째 흙의 마당. 세계 속의 한글 이야기

제목만 보아도 어떤 얘기가 펼쳐지는지 알겠지요. 세상 만물을 이루는 오행인 '물, 나무, 불, 쇠, 흙' 다섯 요소를 본떠 구성했어요. 다섯 요소가 거대한 우주를 만들 듯이 한글 이야기가 세종의 위대한 꿈을 함께 나누는 이야기가 되었으면 해요.

이 책을 내기까지는 많은 분들의 도움이 있었습니다. 특히 훈민정음 연구의 대가이신 정우영(동국대) 교수님께서는 하나하나 살뜰하게 살펴 주셨습니다. 얼마 전에 지병으로 돌아가신 문화체육관광부 김혜선 선생께서는 이런 책이 필요하다며 큰 힘을 실어 주셨기에 삼가 기립니다.

지은이 김슬옹, 강수현
세종나신곳 옆 연구실에서

차례

첫째, 물의 마당. 훈민정음(한글) 창제 이야기

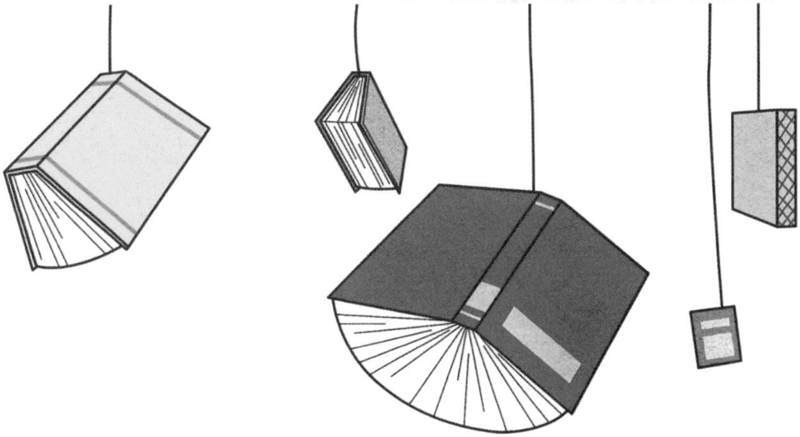

둘째, 나무의 마당. 훈민정음을 만든 과학과 자연의 원리

셋째, 불의 마당. 한글의 특징

넷째, 쇠의 마당. 한글 역사 이야기

다섯째, 흙의 마당. 세계 속의 한글 이야기

첫째

물의 마당.

훈민정음(한글) 창제 이야기

01 한글은 누가 언제 만들었나요?

한글은 세종대왕이 직접 혼자서 창제했답니다. 세종대왕이 비밀리에 만들어 1443년 12월에 이 사실을 처음 세상에 알렸지요. 《조선왕조실록》에도 "1443년 겨울에 우리 전하께서 정음 스물여덟 자를 창제하여, 간략하게 예와 뜻을 적은 것을 들어 보여주시며 그 이름을 '훈민정음'이라 하셨다."라고 기록되어 있습니다.

이 달에 임금이 친히 언문 28자를 지었는데 훈민정음이라 하였다.

1443년 12월 30일 조선왕조실록

훈민정음을 창제한 다음 집현전 학사 정인지, 최항, 박팽년, 신숙주, 성삼문, 강희안, 이개, 이선로 등 여덟 신하들의 도움을 받아 1446년 음력 9월 초 훈민정음을 풀이한 책 《훈민정음(해례본)》을 펴냈습니다. 이 해설서 때문에 한글은 세종대왕과 집현전 학사들이 함께 창제했다는 이야기가 널리 퍼졌답니다.

하지만 《훈민정음(해례본)》을 보면 신하들은 세종대왕이 훈민정음을 직접 창제했다고 이야기합니다. 신하들은 《훈민정음(해례본)》 제자해에 "아아, 훈민정음이 만들어져 천지 만물의 이치가 모두 갖추어지니, 참 신기한 일이다. 이는 아마도 하늘이 성스러운 임금님의 마음을 여시어 그 솜씨를 빌려주신 것이로구나!"라고 밝혀놓았지요. 신하들의 대표인 정인지는 《훈민정음(해례본)》 서문에 "우리 전하는 하늘이 내린 성인으로서, 지으신 법도와 베푸신 업적이 모든 왕들을 뛰어 넘으셨다."라고 밝혀놓았고요.

세종대왕이 혼자 창제했다는 가장 강력한 증거는 세종대왕이 쓴 《훈민정음(해례본)》 서문에 있습니다. "우리나라 말이 중국과 달라 한자와는 서로 통하지 아니하여서 이런 까닭으로

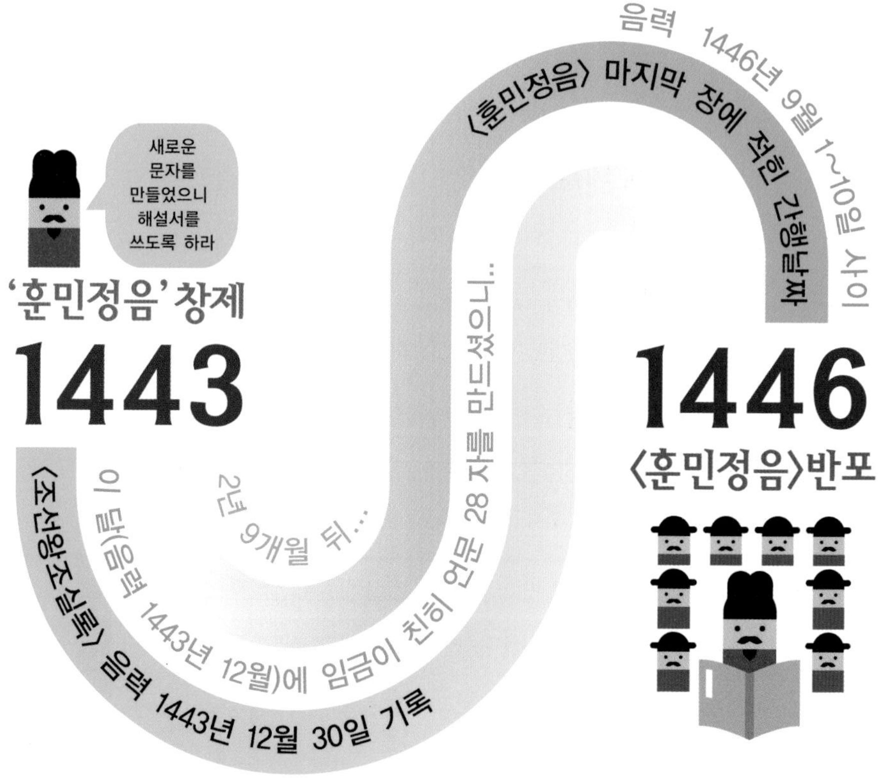

'훈민정음' 창제
1443
새로운 문자를 만들었으니 해설서를 쓰도록 하라
〈조선왕조실록〉 음력 1443년 12월 30일 기록
이 달(음력 1443년 12월)에 임금이 친히 언문 28 자를 만드셨으니...
2년 9개월 뒤...
〈훈민정음〉 마지막 장에 적힌 간행날짜
음력 1446년 9월 1~10일 사이
1446
〈훈민정음〉반포

어리석은 백성이 말하고자 하는 바가 있어도 마침내 제 뜻을 펴지 못하는 사람이 많으니라. 내가 이것을 가엾게 생각하여 새로 스물여덟 글자를 만드니, 모든 사람들로 하여금 쉽게 익혀서 날마다 쓰는 데 편하게 하고자 할 따름이니라."라고 했기 때문이지요.

더욱이 한글은 언어학과 음악, 천문학 등 여러 학문을 두루 잘 아는 사람이, 더욱이 사람 간의 소통을 중요하게 여기는 사람이 오래 연구해야 만들 수 있는 문자이지 여럿이 함께 만들 수 있는 문자가 아니랍니다. 물론 세종대왕이 단독으로 한글을 창제했다고 해도 집현전과 같은 훌륭한 연구소와 수많은 인재들의 도움이 있기에 가능했던 일입니다. 곧 다양한 분야의 전문가들이 세종대왕의 연구를 간접적으로 도왔기에 단독 창제가 가능했지요.

02 세종대왕은 한글을 왜 만들었나요?

17년 전 **1426년** — 법은 나누는 것임을 강조하면서 법률문이 어렵고 복잡한 한문과 이두로 되어 있음을 세종이 지적하였다.

15년 전 **1428년** — 김화가 자기 아버지를 죽인 사건이 계기가 되어 세종은 〈효행록〉같은 책을 만들어 백성을 교화할 것을 지시하였다.

11년 전 **1432년** — 세종이 한문으로 된 법조문을 백성들에게 좀 더 쉽게 알릴 수 있는 방안을 신하들과 의논하였다.

9년 전 **1434년** — 한자를 모르는 아이와 민가의 여성까지도 내용을 알게 하기 위해 그림풀이가 덧붙은 〈삼강행실도〉를 펴냈다.

1년 전 **1442년** — 〈용비어천가〉를 짓고자 세종이 경상도와 전라도 관찰사에게 자료 수집을 명하였다.

1443년 **세종이 훈민정음을 창제하였다.**

세종대왕은 한자(한문)를 몰라 자기들의 의사를 제대로 전달하지 못하는 백성들이 글을 통해 새로운 지식과 정보를 습득해 편안한 삶을 살도록 하기 위해 훈민정음을 만들었어요.

세종대왕이 훈민정음을 만들기 전에는 우리말을 적을 문자가 없어 한자를 빌려 적었답니다. 입으로는 한국말을 쓰고, 글을 쓸 때는 한문을 쓰는 이중 언어생활이 가장 큰 문제였지요. 입으로는 "난 책을 좋아해."라고 하고, 글로는 "我愛書(난-좋아해-책을)"이라고 쓰다 보니 불편한 점이 많았어요. 그나마 양반 사대부들은 한자를 배울 수 있었지만, 일반 백성들은 한자를 배우는 게 쉽지 않았으니까요.

그래서 세종대왕은 한자를 모르는 백성들을 위해 우리말을 자유롭게 적을 수 있는 훈민정음을 만들게 되었어요. 표현하고 싶은 뜻이 있어도 한자로는 소통할 수 없는 것을 가엾이 여겨 누구나 쉽게 익힐 수 있는 문자를 만든 것이지요. 또한 죄지은 사람들의 자세한 사정을 적은 문서들이 한문이나 이두로 되어 있다 보니 죄인을 다스리는 관리들이 문서를 잘못 이해하여 그릇된 판결을 하는 경우가 많았는데, 세종대왕은 이를

안타깝게 여기셨어요.

어렸을 때부터 책을 좋아했던 세종대왕은 성현의 가르침과 생활 정보, 올바른 생활 태도 등도 책을 통해 백성들에게 가르쳐 주고 싶어 했어요. 그런데 한문으로 된 책은 한문을 익힌 사대부들만 읽을 수 있으니 소용이 없었지요. 누구나 쉽게 익혀 책을 읽을 수 있도록 쉬운 문자가 필요했던 거예요. 그래서 하루아침에 배워 쓸 수 있는 쉬운 글자를 직접 만드신 거예요.

이 밖에도 한글(훈민정음)은 한자음을 정확히 적을 수 있는 발음기호와 같은 구실도 할 수 있으니, 다목적용 문자라 할 수 있어요.

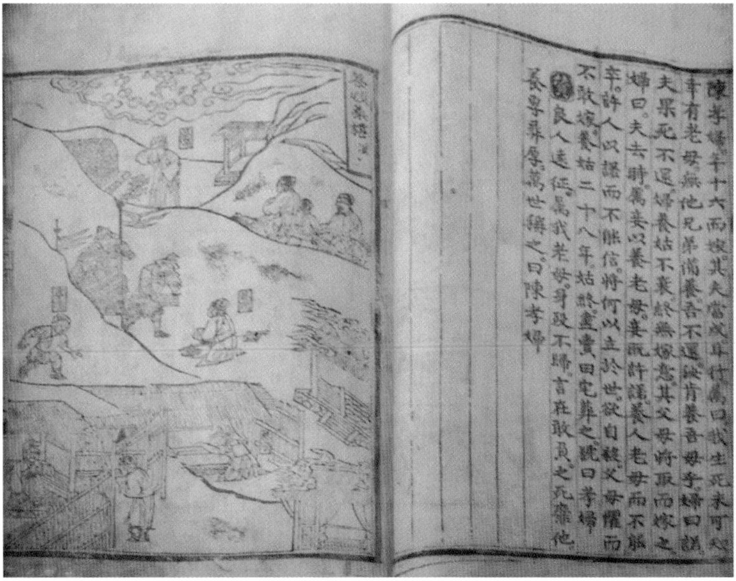

▶세종대왕은 한문을 못읽는 백성을 위해 만화를 곁들인 《삼강행실도》를 펴냈다.
-세종대왕 기념사업회 소장본

03 일부 양반들은 왜 한글 반대 상소를 올렸나요?

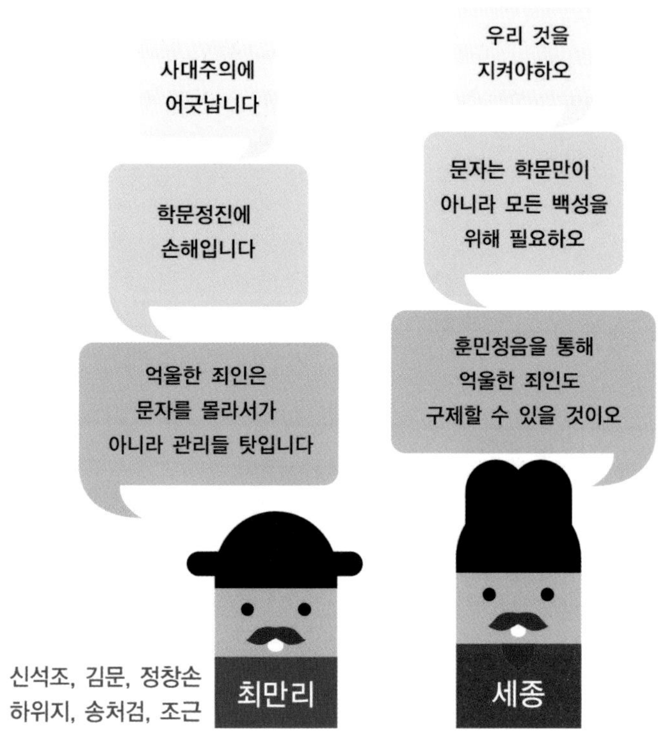

1444년 2월 20일 최만리를 비롯하여 신석조, 김문, 정창손, 하위지, 송처검, 조근 등이 언문(훈민정음)을 반대하는 상소문을 올렸어요. 훈민정음이 창제된 1443년 이후, 최만리 외 몇몇 신하들이 올린 상소를 보면 이들도 훈민정음의 과학성에 대해서는 잘 알고 있었어요. 상소문 첫 문장에 "신 등이 엎드려 보건대, 언문(훈민정음)을 만든 것이 매우 신기하고 기묘하여, 지혜를 나타냄이 저 멀리 아득한 옛것으로부터 나온 것을 알겠습니다."라고 쓰여 있어요.

그러나 최만리 외 여섯 명의 신하들은 크게 세 가지 이유를 들어 훈민정음 창제를 반대했어요.

첫째, 훈민정음 창제는 중국을 떠받드는 사대주의에 어긋나기 때문에 오랑캐나 하는 일이라고 얘기했어요. 세종대왕도 중국을 부정한 것은 아니에요. 중국의 것을 따를 것은 따르되 우리의 것을 지켜 나가자는 것이였지요.

둘째, 훈민정음이 학문을 정진하는 데에 오히려 손해만 된다고 했어요. 이에 대해 세종대왕은 언문(훈민정음) 창제가 학문만을 위해 필요한 것이 아님을 강조하며 학문보다 백성들이 편안하게 사용하는 것이 더 중요하다고 말씀하셨어요.

셋째, 억울한 죄인이 생기는 것은 죄인을 다루는 관리가 공평하지 못한 탓이지 죄인들이 문자를 몰라서가 아니라고 주장했어요. 이에 대해 세종대왕은 훈민정음을 통해 억울한 죄인을 구제하고 교화할 수 있다고 보았어요.

세종대왕은 반대 상소문을 올린 신하들을 설득한 후, 더 철저히 훈민정음 반포를 준비했어요. 더욱이 이러한 반대 상소는 단 한 건뿐이었으니, 오히려 대부분의 사대부 양반들이 훈민정음 창제와 반포를 반대하지 않았다는 사실을 짐작할 수 있답니다.

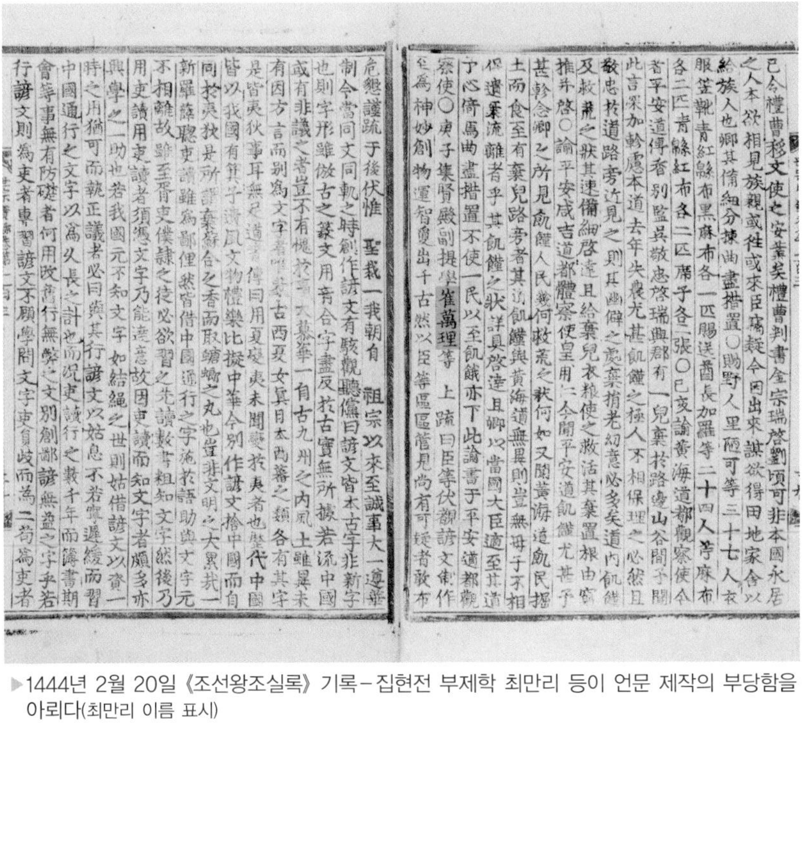

▶1444년 2월 20일 《조선왕조실록》 기록－집현전 부제학 최만리 등이 언문 제작의 부당함을 아뢰다(최만리 이름 표시)

04 한글을 반포할 때 도움을 준 신하는 누구인가요?

세종대왕은 훈민정음을 창제한 뒤 집현전 학자들과 함께 훈민정음 해설서인 《훈민정음》 해례본을 만들었어요. 훈민정음 해설서 집필에 참여한 집현전 학자는 정인지, 최항, 박팽년, 신숙주, 성삼문, 강희안, 이개, 이선로입니다.

정인지는 훈민정음 연구 분야에서 큰 역할을 맡았어요. 1446년에는 《훈민정음》 해례본 서문을, 1447년에는 《용비어천가》를 짓는 데 참여했어요. 정인지는 세종대왕의 서문을 구체적인 예를 들어 해설·보충하고, 해례본의 편찬 경위와 참여자, 훈민정음 창제자를 밝혀 놓음으로써 훈민정음의 진정한 가치를 세상에 널리 알렸어요. 또한 역사, 천문, 음악 등에도 재주가 뛰어나 훈민정음 사업의 책임자로 이름을 남기게 되었어요.

최항 역시 주요 훈민정음 연구 분야에서 공적을 남겼어요. 《용비어천가》의 발문을 쓰고 《훈민정음》 해례본을 집필하는 큰 역할을 맡았답니다. 역사와 어학에 재주가 있어 《고려사》, 《동국정운》 등을 편찬할 때에도 주도적인 역할을 했어요. 1444년

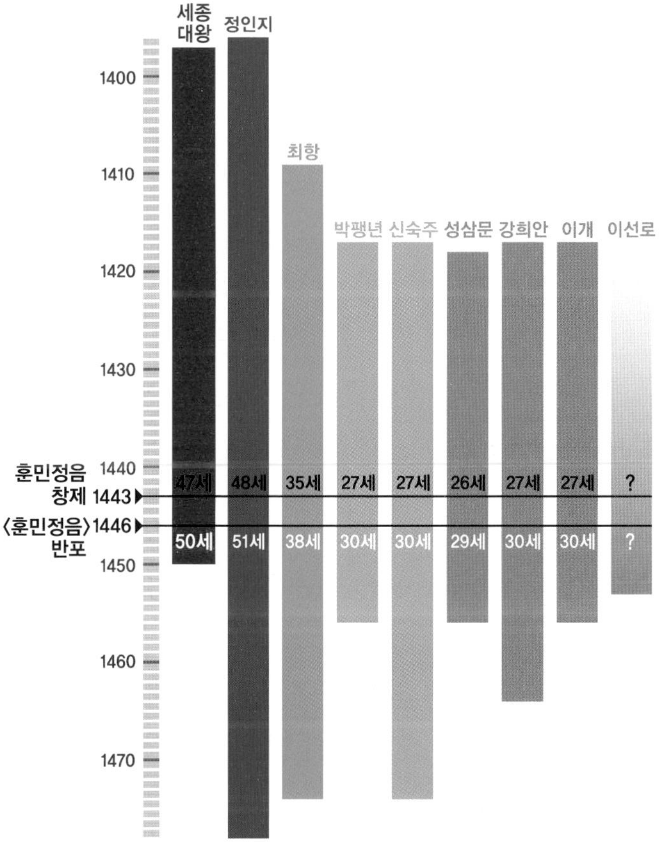

▶훈민정음 창제와 반포 당시의 해례본 지은이들의 나이

(세종 26)에는 집현전 교리로서 《오례의주》를 편찬하고 《운회》를 번역했어요. 1461년(세조 7)에는 양성지의 《잠서》를 한글로 번역해서 펴냈어요.

신숙주는 《훈민정음》 해례본을 집필하고 《동국정운》을 펴낸 중요한 인물이예요. 신숙주는 《동국정운》 머리말에서 "성운(글자의 소리)은 곧 훌륭한 사람의 길을 배우는 시작입니다. 이리하여 우리 임금(세종대왕)께서 말소리에 마음을 두시고 고금의 모든 것을 두루 살피시고 지침이 될 만한 훈민정음을 만드시어 수억 년 동안 어리석게 살아 온 자들을 깨우치셨습니다."라고 말했어요. 《동국정운》은 중국 한자음의 표준을 훈민정음으로 적은 책인 만큼 그 책을 펴낸 것만으로도 훈민정음 연구에서 위대한 업적을 남긴 것이지요. 신숙주는 이두는 물론 중국어·일본어·몽골어·여진어에도 뛰어나 훈민정음 및 한자음의 연구와 보급에 큰 역할을 담당했어요.

성삼문은 《훈민정음》 해례본 반포 1년 전인 1445년에 신숙주와 함께 중국 요동을 여러 번 방문하여 중국의 음운학자인 황찬에게 중국 한자음에 대한 의견을 구하기도 했답니다.

박팽년, 강희안, 이개, 이선로 등도 해례본 집필에 참여한 것 자체가 위대한 업적을 남긴 거랍니다.

▶《훈민정음》 해례본 지은이들의 반포 당시 벼슬

05 《훈민정음》 해례본은 무엇인가요?

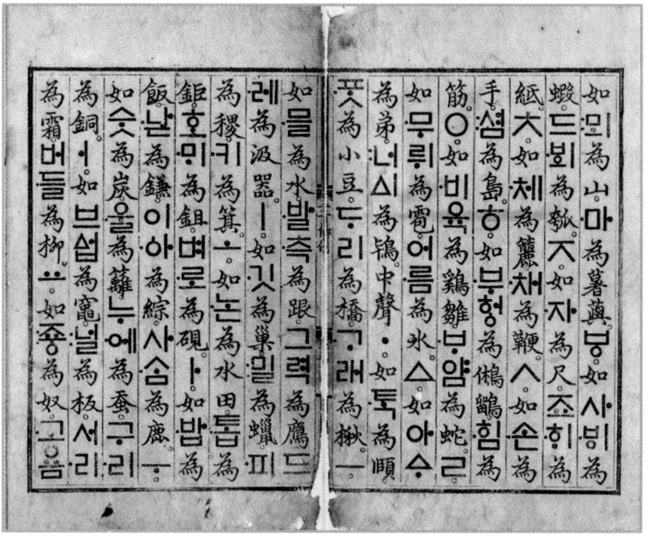
如:뫼爲山 ·마爲薯藇 ㅸ。如사·ᄫᅵ爲
蝦 ·드ᄫᅴ爲瓠 ㅈ。如·자爲尺 죠ᄒᆡ爲
紙 ·체爲籭 ·채爲鞭 ㅅ。如·손爲
手 :셤爲島 ㅎ。如·부헝爲鵂鶹 ·힘爲
筋 ㅇ。如·비육爲鷄雛 ·ᄇᆞ얌爲蛇 ㄹ。
如·무뤼爲雹 어·름爲氷 ㅿ。如아ᅀᆞ
爲弟 :너ᅀᅵ爲鴇 中聲 ·。如·톡爲頤
·ᄑᆞᆺ爲小豆 ᄃᆞ리爲橋 ·ᄀᆞ래爲楸 ㅡ。
如·믈爲水 ·발측爲跟 그력爲鴈 ᄃᆞ
레爲汲器 ㅣ。如·깃爲巢 :밀爲蠟 ·피
爲稷 ·키爲箕 ㅗ。如·논爲水田 ·톱爲
鉅 호·ᄆᆡ爲鉏 벼·로爲硯 ㅏ。如·밥爲
飯 ·낟爲鎌 이·아爲綜 사ᄉᆞᆷ爲鹿 ㅜ。
如숫爲炭 ·울爲籬 누·에爲蚕 구리
爲銅 ㅓ。如브ᅀᅥᆸ爲竈 :널爲板 서·리
爲霜 버·들爲柳 ㅛ。如:죵爲奴 ·고욤

▶《훈민정음》 해례본(정음해례25 ㄱ, ㄴ-간송미술관 소장)

《훈민정음》 해례본은 새 문자 훈민정음을 알기 쉽게 풀이한 책이에요. 세종대왕은 1443년에 훈민정음을 만들고, 1446년 음력 9월 상순에 《훈민정음》 해례본을 통해 백성들에게 새 문자 훈민정음과 그것을 만든 원리와 사용 방법을 알렸답니다.

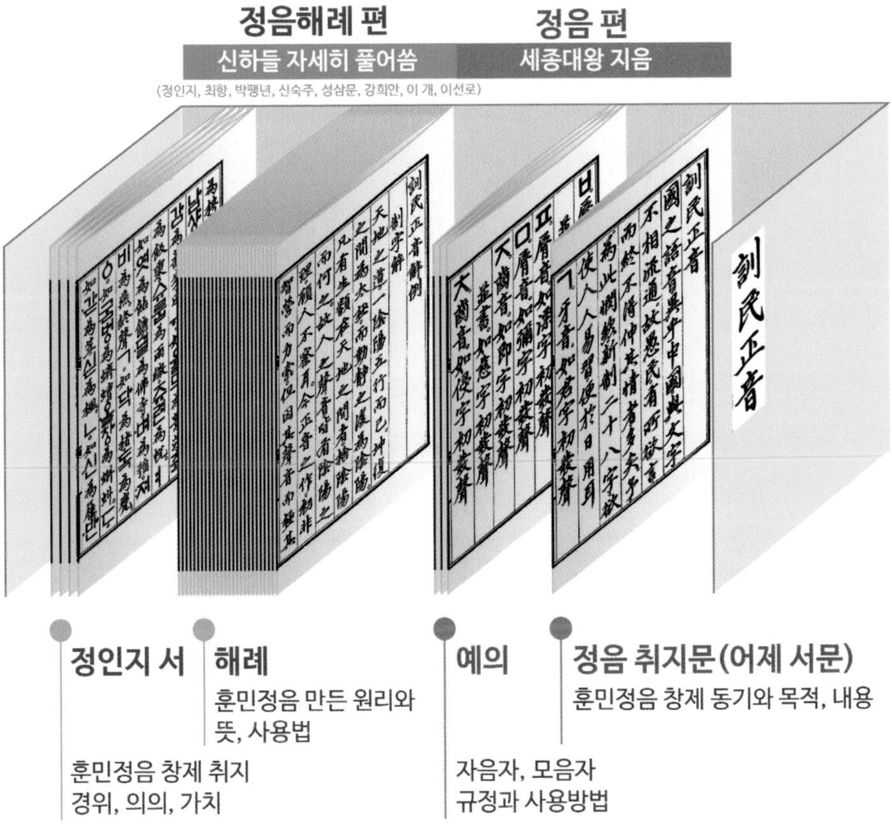

▶《훈민정음》 해례본의 짜임새

《훈민정음》 해례본에는 훈민정음을 창제한 동기와 목적, 창제 원리 등을 비롯하여 문자의 다양한 예들이 실려 있어요.

이 책은 크게 네 가지의 큰 뜻을 담고 있어요.

첫째는 한자같은 어려운 문자를 모르는 일반 백성들도 쉬운 문자로 사람다운 언어생활을 해야 한다는 뜻을 담았어요.

둘째는 한글은 매우 실용적인 과학의 문자임을 담았어요.(둘째 마당 참조)

셋째는 음양오행의 동양 철학을 비롯하여 하늘과 땅과 사람이 잘 어울려야 한다는 한겨레의 고유 사상인 삼태극-삼조화 사상을 담았어요.

넷째는 조화로운 음악처럼 말소리와 문자가 바른 소리를 표현해야 한다는 음악 사상을 담았어요.

이 책은 세종대왕을 비롯해 집현전 학사 정인지, 최항, 박팽년, 신숙주, 성삼문, 강희안, 이개, 이선로 등 여덟 명이 함께 지었어요. 세종대왕이 쓴 부분을 '정음편'이라 부르고, 신하들이 풀어 쓴 부분을 '정음해례편' 이라고 불러요. '정음편'은 세종대왕의 '서문'과 '예의'로, '해례편(정음해례)'은 '해례'와 '정인지 서문'으로 구성되어 있어요.

《훈민정음》 해례본은 한 권의 책으로 모두 33장, 곧 66쪽으로 이루어져 있어요. 정음편은 장마다 14행에 매 행 11자이며, 해례 부분은 장마다 16행에 매 행은 13자이며, 해례 끝의 정인지 서문은 한 글자를 내려 적고 있어요. 이처럼 예의와 해례 사이에 행과 글자 수에 차이가 나는 것은 임금이 작성한 정음 부분은 글자의 크기를 크게 하고, 신하들이 작성한 해례 부분은 임금을 공경한다는 뜻에서 글자의 크기를 작게 했기 때문이에요.

《훈민정음》 해례본은 나무에 새긴 목판본으로 제작되었어요. 세종대왕이 직접 펴낸 초간본은 오랜 세월 알려지지 않다가 1940년에 경상북도 안동에서 이용준에 의해 발견되었어요. 그 책을 간송 전형필 선생이 사들여 지금은 간송미술관(서울 성북구 소재)에서 보관하고 있으며 대한민국 국보 제70호로 지정되었고, 1997년에는 유네스코 세계 기록 유산으로 등재되었답니다.

《훈민정음》 해례본은 발견 당시에는 표지와 맨 앞 두 장, 모두 네 쪽이 없었어요. 다행히 세종실록에 이 부분이 수록되어 있어 내용을 복원할 수 있었답니다.

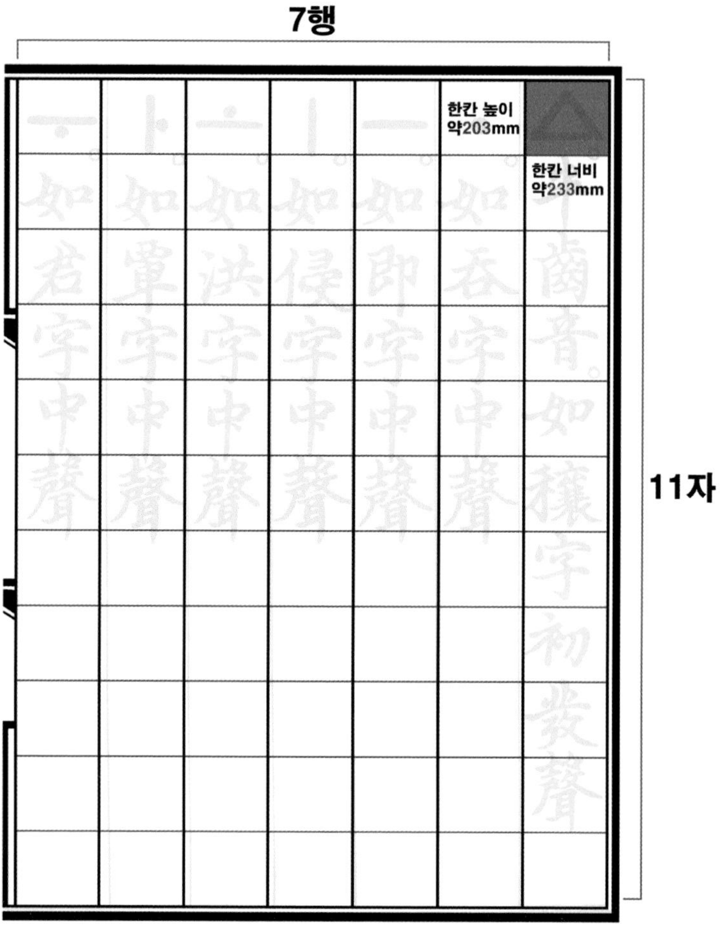

▶왕이 지은 〈정음〉편 책의 구성

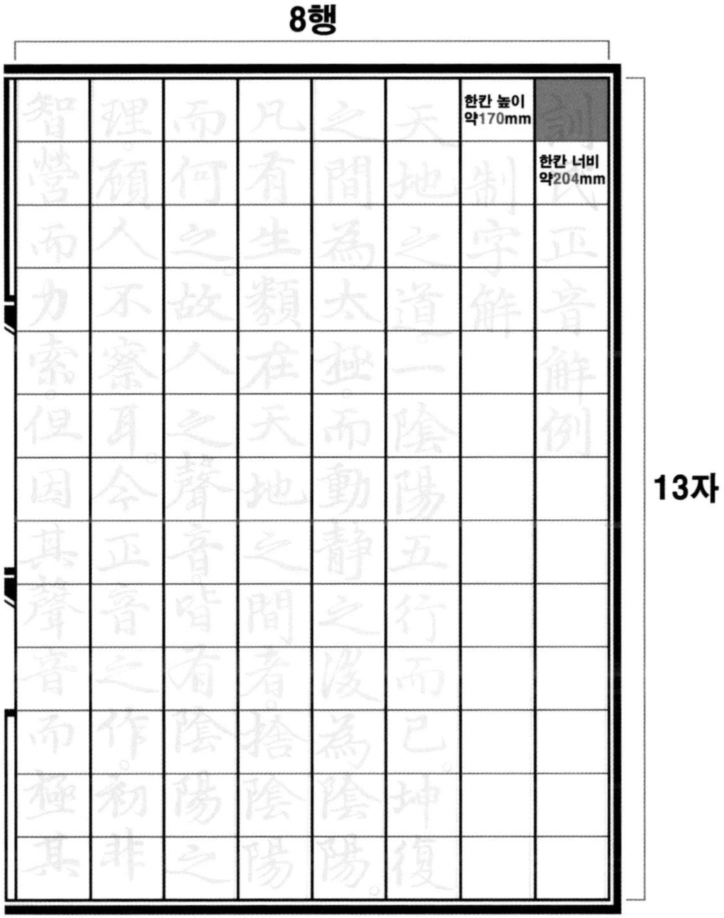

▶신하들이 지은 〈정음해례〉편 책의 구성

이제 이 책은 보존이 잘된 가장 오래된 책으로 가장 가치가 높은 책이라는 평가를 받고 있답니다. 값을 매길 수 없을 만큼 비싼 책이라 하여 '무가지보'라고 부른답니다.

다음 세 사진은 《훈민정음》 해례본 첫 세 장으로 세종이 직접 저술한, 세종 서문과 28자를 설명한 부분입니다.

訓民正音
國之語音異乎中國與文字
不相流通故愚民有所欲言
而終不得伸其情者多矣予
爲此憫然新制二十八字欲
使人人易習便於日用耳
ㄱ牙音如君字初發聲
並書如虯字初發聲
ㅋ牙音如快字初發聲
ㆁ牙音如業字初發聲
ㄷ舌音如斗字初發聲
並書如覃字初發聲
ㅌ舌音如呑字初發聲
ㄴ舌音如那字初發聲

ㅂ。脣音。如彆字初發聲
並書。如步字初發聲
ㅍ。脣音。如漂字初發聲
ㅁ。脣音。如彌字初發聲
ㅈ。齒音。如卽字初發聲
並書。如慈字初發聲
ㅊ。齒音。如侵字初發聲

正音 二

ㅅ。齒音。如戌字初發聲
並書。如邪字初發聲
ㆆ。喉音。如挹字初發聲
ㅎ。喉音。如虛字初發聲
並書。如洪字初發聲
ㅇ。喉音。如欲字初發聲
ㄹ。半舌音。如閭字初發聲

ㅿ。半齒音。如穰字初發聲
ㆍ。如呑字中聲
ㅡ。如卽字中聲
ㅣ。如侵字中聲
ㅗ。如洪字中聲
ㅏ。如覃字中聲
ㅜ。如君字中聲

正音 三

ㅓ。如業字中聲
ㅛ。如欲字中聲
ㅑ。如穰字中聲
ㅠ。如戌字中聲
ㅕ。如彆字中聲
終聲復用初聲。ㅇ連書脣音
之下。則爲脣輕音。初聲合用

06 《훈민정음》 언해본은 무엇인가요?

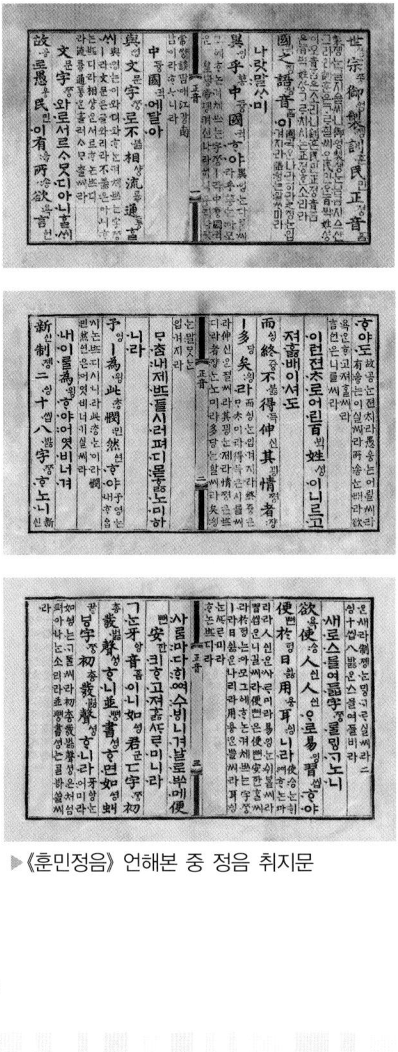

▶《훈민정음》 언해본 중 정음 취지문

《훈민정음》 언해본은 《훈민정음》 해례본 가운데 세종대왕이 직접 쓴 정음 취지문(세종서문)과 예의 부분을 한글로 번역하고 자세한 풀이(주석)를 덧붙여 간행한 것이에요. 현재 남아 있는 가장 오래된 자료로는 세조가 펴낸 것으로 정확한 제목은 《세종어제훈민정음(世宗御製訓民正音)》입니다.

'세종'이란 이름은 세종대왕이 돌아가신 뒤에 부른 이름이므로 언해본은 세종 이후에 나온 것임을 알 수 있

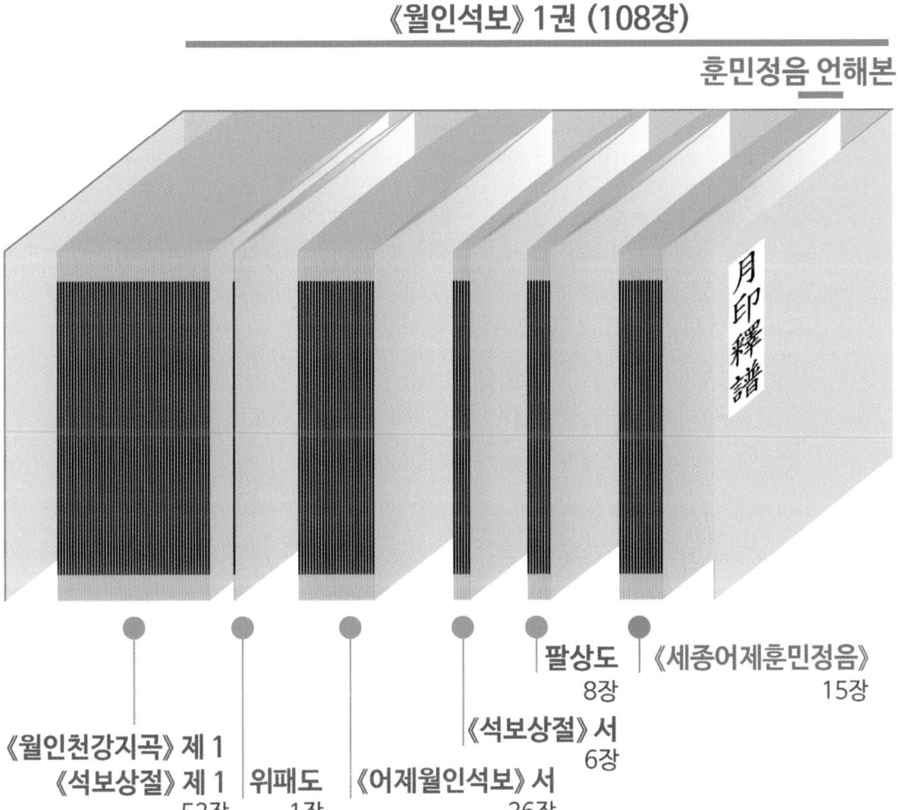
《월인석보》 1권 (108장)
훈민정음 언해본
月印釋譜
《월인천강지곡》 제 1
《석보상절》 제 1
52장
위패도
1장
《어제월인석보》 서
26장
《석보상절》 서
6장
팔상도
8장
《세종어제훈민정음》
15장

▶《월인석보》의 짜임새

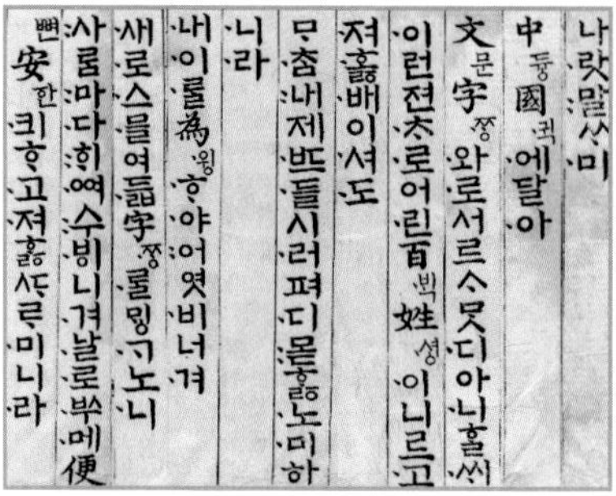

▶세종대왕 서문을 한 문장으로 모은 그림

어요. 그러나 세종대왕이 살아 있을 때 번역·간행한 자료가 남아 있다면 그 제목은 《훈민정음(訓民正音)》이었을 거예요. 1446년에 펴낸 훈민정음 해설서인 《훈민정음》 해례본은 내용이 한문이라 한자를 모르는 백성들은 읽을 수가 없었어요. 이 언해본은 세종대왕 때에 나왔을 것으로 추정하고 있지만 언제 누가 번역했는지는 알 수 없어요. 세종대왕이 세상을 떠난 후, 임금으로 등극한 세조는 세종대왕이 지은 《월인천강지곡》과 세조가 왕자시절에 지은 《석보상절》을 합친 《월인석보》를 만들면서 권1·2 앞에 이 언해본을 붙여 세조 5년(1459년)에 펴냈어요. 그러니까 언해본은 단행본으로 출판된 것이 아니라 다른 책 앞머리에 실려 세상에 나온 것이에요.

사진은 언해본 가운데 정음 취지문(세종서문)만을 모아 놓은 것이에요. 현대말로 옮기면 다음과 같아요.

우리나라 말은 중국말과는 달라 한자와는 서로 잘 통하지 않는다. 이런 까닭으로 글모르는 백성이 말하려고 하는 바가 있어도 끝내 제 뜻을 실어 펼 수 없는 사람이 많다. 내가 이것을 가엾게 여겨 새로 스물여덟 글자를 만들어서, 모든 사람들이 쉽게 익혀 날마다 편안하게 쓸 수 있게 할 따름이다.

– 정음 취지문(세종 서문) 현대말

이 언해본으로 수많은 사람들이 훈민정음을 깨쳐 나갔을 것이고, 그 문자의 힘은 역사 변혁의 원동력이 되었어요.

둘째

나무의 마당.

훈민정음을 만든 과학과 자연의 원리

01 세종대왕이 처음 발표한 훈민정음 기본자는 몇 자인가요?

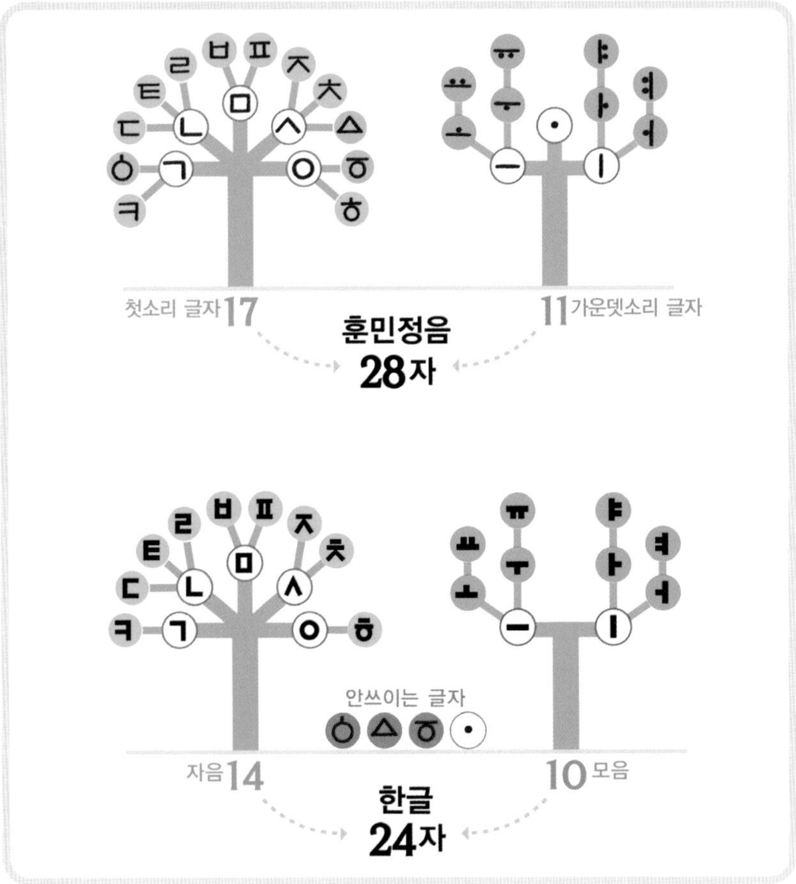

현대 한글은 자음 14자, 모음 10자 모두 24자예요. 하지만 15세기 훈민정음은 모음 '·(아래아)', 자음 'ㆆ(여린히읗), ㅿ(반시옷), ㆁ(옛이응)'을 더해 28자였어요. 다시 말해 훈민정음은 자음 17자, 모음 11자로 이루어져 있어요.

세종대왕이 28자를 이 세상에 처음 공개한 것은 1443년 12월이었어요. 그 당시 대부분의 양반들은 왜 만들었는지 이해하기 어려운 새로운 문자였지요. 그래서 집현전 일부 학사들에게만 공개하고 그들을 가르쳤어요.

새로운 글자인 '훈민정음'을 알리기 위해 만든 책이 1446년에 펴낸 《훈민정음》 해례본이었어요. 이 책은 모두 66쪽인데 이 가운데 7쪽은 세종대왕이 직접 지은 부분이에요. 정음편 또는 예의편이라 부르지요. 여기서 28자를 처음 공개했어요. 그런데 안타깝게도 앞의 네 쪽이 아직 발견이 안 되었어요. 다행히 다른 부분에 해당 글자가 있어 복원했답니다.

훈민정음을 처음 알린 글자들이 얼마나 멋지고 아름다운지, 지금 글자 모양과 무엇이 같고 다른지도 살펴보아요.

《훈민정음》 해례본에 쓰인 한글 자음의 최초 모습

ㄱ ㅋ ㆁ

ㄴ ㄷ ㅌ ㄹ

ㅁ ㅂ ㅍ

ㅅ ㅈ ㅊ ㅿ

ㅇ ㆆ ㅎ

《훈민정음》 해례본에 쓰인 한글 모음의 최초 모습

ㆍ ㅡ ㅣ

ㅗ ㅏ ㅜ ㅓ

ㅛ ㅑ ㅠ ㅕ

02 15세기 훈민정음 중에 현재 쓰이지 않는 글자는 무엇이고 어떻게 발음하나요?

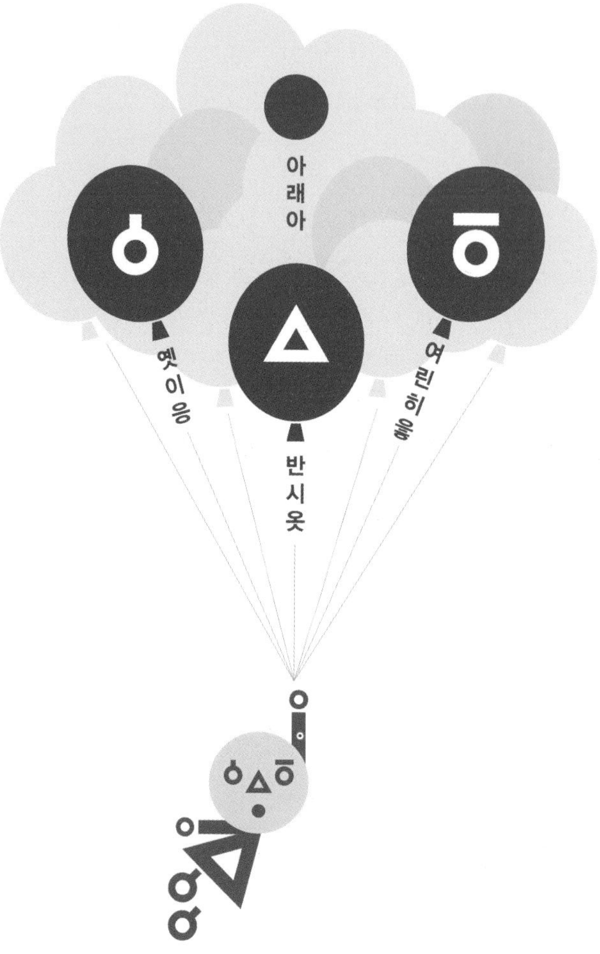

1446년 훈민정음을 반포할 때 기본 글자 수는 28자였어요. 지금은 24자이니 모두 네 자를 쓰지 않고 있어요. 그 글자는 자음 'ㆁ(옛이응), ㆆ(여린히읗), ㅿ(반시옷)', 모음 'ㆍ(아래아)'입니다.

'ㆁ(옛이응)'은 마치 사과처럼 꼭지가 붙어 있어 '꼭지이응' 으로 부르기도 해요. 하지만 '옛이응' 으로 부르는 것이 바른 명칭이에요. 받침으로 쓰이는 경우는 '즘ᄉᆡᇰ(짐승), ᄇᆡᆨ셔ᇰ(백성)' 등과 같이 오늘날의 이응 받침과 소릿값이 같아요. 'ㆁ'(옛이응)이 받침으로 쓰일 때는 글자의 형태만 'ㅇ'로 바뀌었고, 첫소리 자리에 쓰일 때는 '그ᅌᅥ긔〉그어긔〉거기'와 같이 글자는 'ㅇ'로 변하고 발음은 없어진 경우도 있어요. '바ᅌᅩᆯ〉방올〉방울'과 같이 'ㆁ'이 앞 음절의 받침으로 이동하면서 글자는 'ㅇ'로 바뀌고 발음은 그대로 유지된 경우도 있답니다.

'ㆆ(여린히읗)'은 'ㅎ'과 같은 계열의 목소리로 'ㅎ'보다 약한 소리를 나타낼 때 쓰려고 만들었지만 실제로는 특별 기호처럼 쓰였어요. 동국정운식 한자음에서는 '正져ᇰ音ᅙᅳᆷ(정음), 便뼌安안(편안)'과 같이 쓰였는데 오늘날과 같이 '정음, 편안'이라고 발음할 때 '읍'과 '안'을 목에 힘을 주면서 짧게 발음하면 'ㆆ(여린 히읗)'과 비슷한 소리가 나요. 이 밖에도 '호ᇙ 배(할 바가), 몯호ᇙ 노미(못할 놈이), 하ᄂᆞᇙ 쁟(하늘의 뜻)'과 같이 쓰였고, 성종 시대부터 사라졌어요. 우리나라 사람에게 뜻을 구별하는 소리로 잘 인식되지 않다 보니 없어진 셈이예요.

'ㅿ(반시옷)'은 'ㅅ'의 울림소리(유성음)로 'ㅅ'보다 더 약한 소리예요. 'ㅅ'처럼 발음하되 혀를 더 낮춰 'ㅅ' 발음을 약하게 하면 되요. 이렇게 약하게 나오다 보니 'ᄉᆞᅀᅵ(사이), ᄀᆞᅀᆞᆯ(가을), 니ᅀᅥ(이어)' 같은 데 쓰였으나 대부분 없어졌어요. 이러한 변화는 임진왜란 이후 일어났답니다.

'·(아래아)'는 'ㅏ'와 'ㅗ'의 중간음으로 혀 뒤쪽에서 낮게 나오는 소리예요. 제주도에서는 이 소리가 아직도 'ᄆᆞᆷ국(제주도 토속국), ᄆᆞᆯ(타는 말)' 등의 낱말에서처럼 남아 있어요. 15세기에는 'ㅡ'와 대립을 이루는 양성모음으로 중요한 역할을 했어요. 소리로는 16세기부터 18세기에 걸쳐 다른 소리로 바뀌어 'ᄆᆞᅀᆞᆷ〉ᄆᆞᄋᆞᆷ〉ᄆᆞ음〉마음'과 같이 'ㅡ'와 'ㅏ'로 바뀌었어요. 드물기는 하지만 'ᄉᆞ매〉소매'처럼 'ㅗ'로 바뀐 경우도 있고,

'ᄒᆞᄅᆞ〉하루'와 같이 'ㅜ'로 바뀐 경우도 있어요. 'ㆍ'음은 인접한 다른 모음에 밀려 변화된 것으로 볼 수 있어요. 'ㆍ'의 소리는 18세기에 제주도를 제외하고는 이미 거의 안 쓰였지만 표기는 1933년 한글 맞춤법이 제정될 때까지도 쓰였어요.

03 자음은 어떻게 만들었을까요?

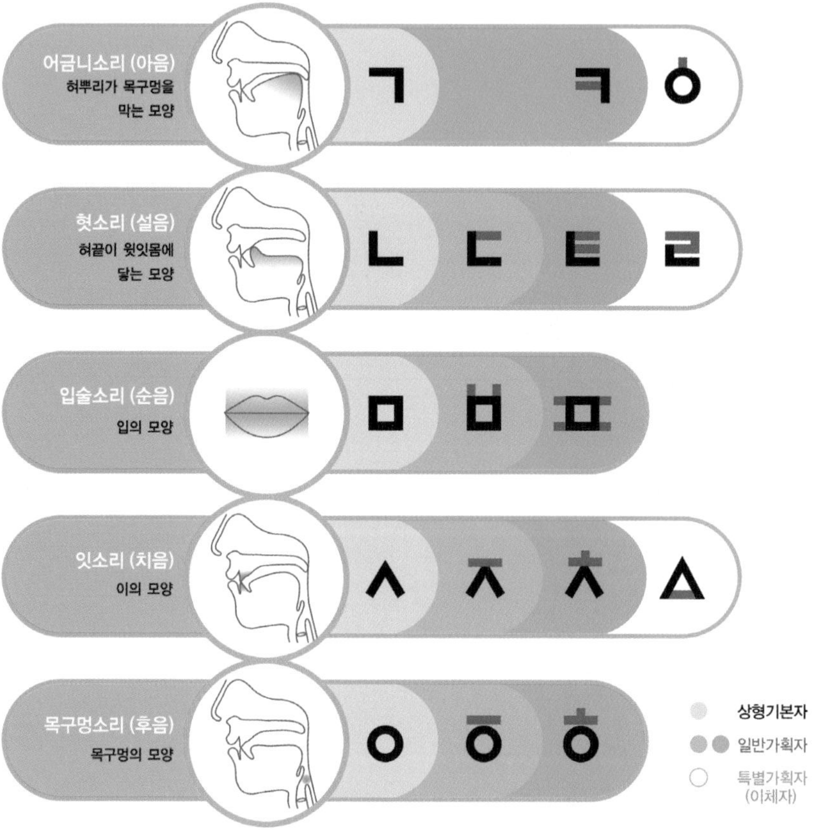

▶ 15세기 훈민정음 기본 자음자 17자의 제자 원리

자음은 '닿소리'라고 하지요. 닿소리란 목구멍에서 숨이 나올 때 그 숨이 어디엔가 닿으면서 만들어진 소리라는 뜻이에요. '그'를 천천히 크게 발음해 보면 'ㄱ'은 자음이고, 'ㅡ'는 모음임을 알 수 있답니다. 'ㄱ'음을 더 정확히 느끼고 발음될 때의 모양을 정확히 알고 싶으면 '각' 처럼 받침을 붙여 보세요. 혀뿌리가 목구멍을 막지요. '난' 을 발음해 보세요. 혀끝이 어디에 닿나요? 그래요, 바로 윗잇몸에 닿지요. 그 모양을 세종대왕께서 아주 간결한 직선만으로 글자를 만들어 'ㄴ' 글자가 된 거에요. 전 세계 모든 사람들이 똑같이 발음한다면 혀의 모양이 같지요.

50쪽 그림은 여러분이 말할 때의 발음기관 모습이에요. 이 그림을 보고 오른쪽 'ㄱ' 표시 부분을 확인하면 어떻게 'ㄱ'이란 글자가 만들어졌는지 알 수 있답니다. 이처럼 자음은 발음기관의 모양을 본떠 만들었어요.

우리 입 안에서 닿소리가 만들어지는 자리는 어금니, 혀, 입술, 이, 목구멍 모두 다섯 곳이에요. 그 다섯 발음 기관의 모양을 본떠 만든 5개의 기본자가 바로 'ㄱ, ㄴ, ㅁ, ㅅ, ㅇ' 다섯 자이지요.

어금닛소리 'ㄱ'은 혀뿌리가 목구멍을 막는 모양을 본뜬 것이고, 혓소리 'ㄴ'은 혀가 윗잇몸에 닿는 모양을 본뜬 것이며, 입술소리 'ㅁ'은 입의 모양을 본뜨고, 잇소리 'ㅅ'은 이의 모양을 본떴으며, 목구멍소리 'ㅇ'은 목구멍의 모양을 본뜬 것입니다. 53쪽의 엑스레이 사진을 보면 더 확실히 알 수 있지요.

그 다음 이 글자들을 바탕으로 다른 글자들을 만들었어요. 'ㄱ, ㄴ, ㅁ, ㅅ, ㅇ'의 소리는 거세지 않은 소리에요. 그런데 이 소리들보다 입김을 많이 내어 세게 소리를 내면 거센소리가 되지요. 거센소리를 나타내기 위해 획을 더하여 일반 가획자 9자를 더 만들었어요.

이 밖에도 특별 가획자인 이체자 'ㆁ, ㄹ, ㅿ' 세 자가 더 있어 훈민정음의 자음자는 모두 17자랍니다. 이들 글자를 이체자라고 하는 것은 다른 가획자는 획을 더하면 소리가 세지지만 이체자는 그렇지 않아요. 이를테면 'ㅿ'은 'ㅅ'보다 한 획 더 많지만 소리는 더 약한 소리예요.

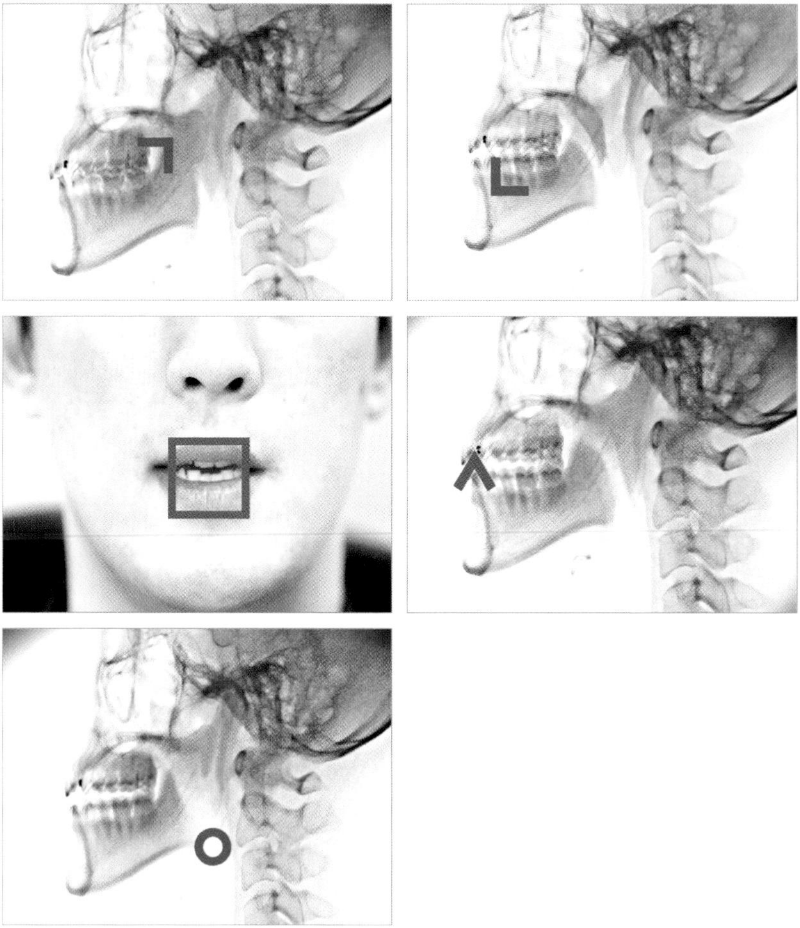

▶ 기본자 'ㄱ, ㄴ, ㅁ, ㅅ, ㅇ'를 발음했을 때의 엑스레이 사진('ㅁ'은 입술 모양이라 예외임)
(출처: 다큐멘터리 〈보이는 한글〉, 아리랑TV 제작)

04 모음은 어떻게 만들었을까요?

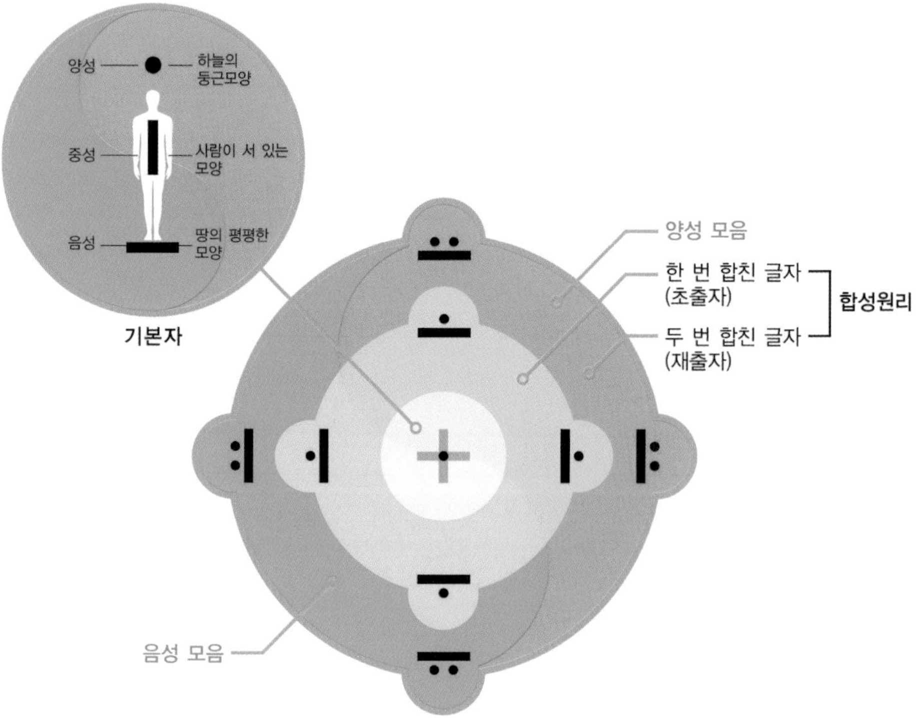

▶ 15세기 훈민정음 기본 모음자 11자의 제자 원리

모음을 '홀소리'라고 하지요. 홀소리란 목구멍에서 숨이 나올 때 어디에도 닿지 않고 혼자서 나는 소리라는 뜻이에요. 모음의 기본자 역시 자음의 기본자처럼 모양을 본떠서 만들기는 하였으나, 발음기관의 모양을 본뜬 것이 아니라 '하늘·땅·사람'의 모양을 본뜬 것이에요.

'·'는 어떤 모양을 본떴을까요? 하늘을 본떴지요. 하늘은 아주 넓으니까 하나의 점으로 나타낸 것이지요. 다음으로 땅의 모양을 본떠 'ㅡ'를 만들었어요. 진짜 땅의 평평한 모습과 같지요. 사람이 서 있는 모양을 본떠 'ㅣ'를 만들었어요.

모음은 소리를 낼 때 혀의 모양이 각각 다르고 그 느낌도 서로 달라요. '·'는 혀가 오그라들고 소리가 깊으며, 'ㅡ'는 혀가 조금 오그라들고 소리가 깊지도 얕지도 않으며, 'ㅣ'는 혀가 오그라들지 않고 소리는 얕아요.

그리고 기본자(·, ㅡ, ㅣ)를 한 번씩 합쳐 'ㆍㅡ, ㅏ, ㅜ, ㅓ'의 네 자를 만들었어요. 'ㅡ'에 '·'를 위아래로 합쳐 'ㅗ, ㅜ'를 만들고, 'ㅣ'에 '·'를 바깥쪽과 안쪽에 합쳐 'ㅏ, ㅓ'를 만들었어요. 'ㅛ, ㅑ, ㅠ, ㅕ'는 '·'를 두 번씩 합쳐 만들었지요. 이렇게 해서 모음 11자를 만든 것이랍니다.

원래 우리말은 음양의 기운을 담고 있답니다. 하늘(·)은 양성, 땅(ㅡ)은 음성, 사람(ㅣ)은 중성이지요. "ㅗ, ㅏ, ㅛ, ㅑ"는 점이 위와 오른쪽으로 향해 있으니 양성모음, "ㅜ, ㅓ, ㅠ, ㅕ"는 점이 아래와 왼쪽을 향해 있으므로 음성모음이지요.

이렇게 한글은 음양이 잘 어울리는 문자랍니다.

▶ 〈하하허허호호후후〉 모음의 창제원리를 이용하여 웃음을 표현한 작품으로 김슬옹이 창안하고 강수현이 다듬었다. 2014년 한글날 기념 KBS 한글디자인 공모전 으뜸기림상 수상작.

	양성모음:오, 요 오르다 솟다 호호	양성모음끼리 욜랑욜랑 촐랑촐랑
음성모음:어, 여 어두워 허허	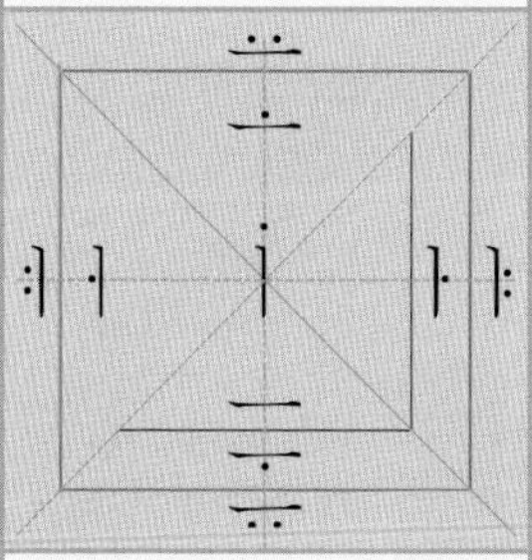	양성모음:아, 야 밝다 하하
음성모음끼리 출렁출렁 물렁물렁	음성모음:우, 유 추워 후후	

05 훈민정음을 만들 때 쓰인 철학과 음악, 수학의 원리는 무엇인가요?

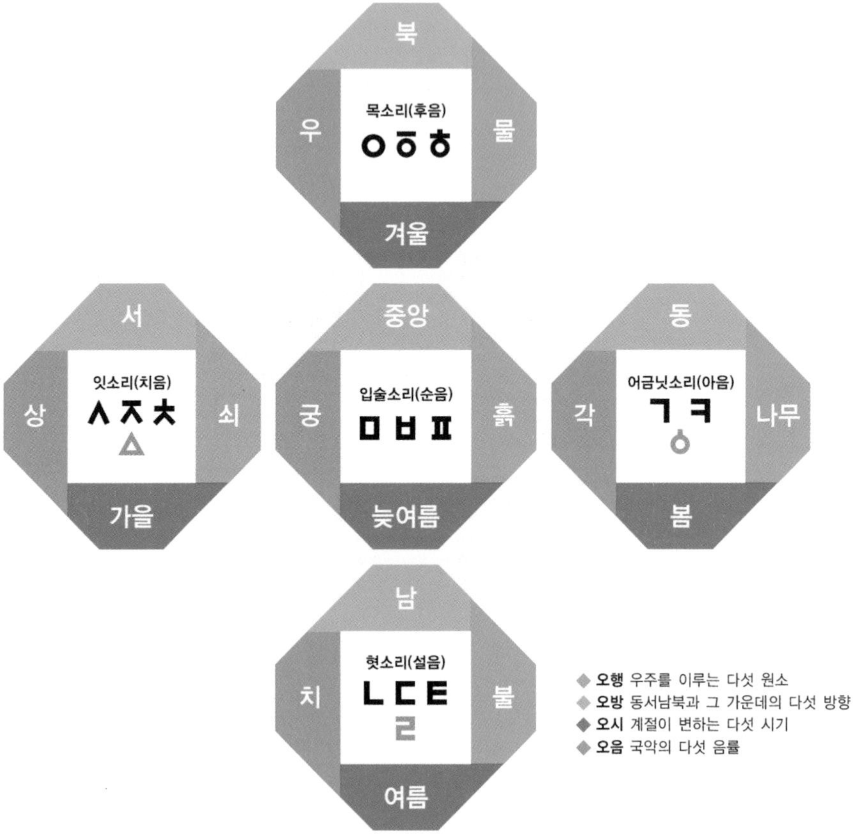

▶ 자음 17자에 쓰인 철학 원리와 음악 원리

자음에는 음악(오음)과 철학(오행)의 원리도 적용되어 있답니다. 오행은 일주일에서 월요일과 일요일을 빼면 되어요. 곧 '화, 수, 목, 금, 토'가 오행이에요. 화는 불, 수는 물, 목은 나무, 금은 쇠, 토는 흙이지요. 이 세상을 이루는 가장 중요한 다섯 요소라 오행이라 하는 거예요. 한글에는 이런 동양의 오랜 철학이 들어 있어요.

목구멍 소리는 물기가 촉촉이 젖어 있으니 물이고 계절로는 겨울이고 방위로는 북쪽, 동양의 궁상각치우 음계로는 가장 높은 소리인 우음이 되는 것이지요. 목구멍 바로 앞에 있는 어금닛소리는 나무이고 계절로는 봄이고 방위로는 동쪽, 오음계로는 각음이 되지요. 나무가 건조해지면 불이 잘 붙지요. 그래서 혓소리는 불이요, 계절로는 여름이고 방위는 남쪽, 오음으로는 치음이에요. 불에 탄 재는 굳어서 쇠가 되지요. 그래서 잇소리는 쇠요, 계절로는 가을, 방위로는 서쪽, 오음계로는 상음이 된답니다. 쇠를 감싸는 것은 흙이지요. 그래서 이를 감싸고 있는 입술소리는 흙이요, 계절로는 늦여름, 방위로는 중앙이 됩니다. 오음계로는 가장 기본이 되는 궁음이 되어요.

수학은 숫자로 된 수학도 있지만 선과 원으로 이루어진 도형 수학도 있어요. 한글은 글자가 점과 직선, 원만으로 이루어져 가장 간결한 도형 수학의 원리를 담고 있어요.

훈민정음에 사용된 기본 도형

<table>
<tr><th colspan="4">갈래</th><th>예</th></tr>
<tr><td colspan="4">점</td><td>·</td></tr>
<tr><td rowspan="4">선</td><td rowspan="4">직선</td><td rowspan="2">가로</td><td>긴</td><td>—</td></tr>
<tr><td>짧은</td><td>–</td></tr>
<tr><td rowspan="2">세로</td><td>긴</td><td>│</td></tr>
<tr><td>짧은</td><td>|</td></tr>
<tr><td></td><td colspan="3">사선</td><td>/</td></tr>
<tr><td colspan="4">원</td><td>○</td></tr>
</table>

그러다 보니 글자가 대칭 구조로 이루어져 쉽게 익힐 수 있어요. **ㅂ, ㆆ, ㅎ, ㆁ, ㅅ, ㅈ, ㅊ, ㅿ**은 좌우 대칭이고, ㄷ, ㅌ은 상하 대칭이고, ㄱ, ㄴ은 대각선 대칭이고, ㅍ은 상하좌우 대칭이

지요. ㅁ, ㅇ은 상하좌우 대각선 대칭이고, ㄹ은 대각선 역대칭이에요. 글자 '근'을 보면 ㄱ, ㄴ이 두 글자 역대칭을 이루고 있지요. 모음은 더 완벽한 상하좌우 대칭으로 되어 있어요.

갈래			예
자음자	한 글자 대칭	좌우 대칭	ㅂ ㅎ ㅎ ㆁ ㅅ ㅈ ㅊ ㅿ
		상하 대칭	ㄷ ㅌ
		대각선 대칭	ㄱ ㄴ
		상하좌우 대칭	ㅍ
		상하좌우 대각선 대칭	ㅁ ㅇ
		대각선 역대칭	ㄹ
	두 글자 역대칭		ㄱ ㄴ
모음자	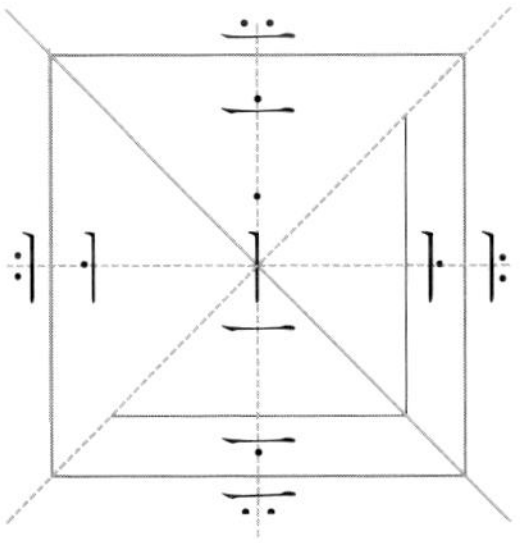		

셋째

불의 마당. 한글의 특징

01 한 글자에 한 소리가 나요

마치 요술을 부리듯 하나의 글자가 여러 가지로 소리 나거나 하나의 소리가 여러 글자로 표기된다면 불편하겠지요. 영어 글자가 그렇답니다. 그러나 한글은 한 글자는 하나의 소리로, 한 소리는 하나의 글자로 대부분 일치해요. 영어 'a'라는 글자는 여러 가지로 소리가 나요. 하지만 한글의 '아'는 '아버지', '아기'와 같이 하나의 소리로 나지요. '[아]' 소리는 'ㅏ' 글자로만, 'ㅏ' 글자는 '[아]' 소리로만 나는 거예요.

아

아버지 ····· 아버지
아기 ····· 아기

a

fam.i.ly ····· [fǽməli]
gar.den ····· [gá:rdn]
wa.ter ····· [wə:tər, wát-]
parent ····· [péərənt]
orange ····· [ɔ:rɪndʒ]
place ····· [pleɪs]
all ····· [ɔ:l]

02 소리와 문자가 짝을 이루어요

한글은 소리가 비슷하면 문자도 비슷해요. "ㄴ-ㄷ-ㅌ"는 서로 형제 글자이니 모양도 비슷하지요. 그러나 영어로는 "n-d-t"인데 서로 닮지를 않았지요.

이러다 보니 한글은 소리와 문자가 짜임새 있게 대응하지요. 예사소리 'ㄱ, ㄷ, ㅂ, ㅈ', 된소리 'ㄲ, ㄸ, ㅃ, ㅉ', 거센소리 'ㅋ, ㅌ, ㅍ, ㅊ' 모양을 보세요. "공-콩-꽁", "불-풀-뿔" 등과 같이 "예사소리-거센소리-된소리"의 관계가 예사소리는 예사소리대로 거센소리는 거센소리대로 된소리는 된소리대로 소리 성질이 비슷하고 문자 모양도 비슷하게 생겼어요.

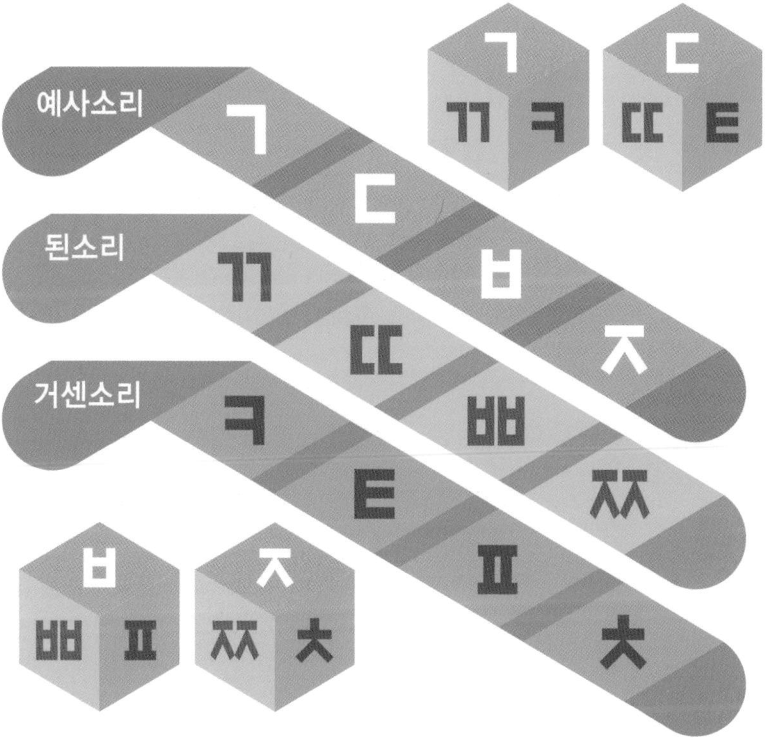
예사소리
된소리
거센소리
ㄱ
ㄷ
ㅂ
ㅈ
ㄲ
ㄸ
ㅃ
ㅉ
ㅋ
ㅌ
ㅍ
ㅊ

03 첫소리, 끝소리 글자가 같아요

받침으로 쓰는 끝소리 글자는 첫소리 글자를 가져다 써서 최소의 낱자로 많은 글자를 만들 수 있어요. 예를 들면 '각', '몸'과 같은 글자예요. 만약 끝소리 글자를 다른 모양으로 만들었다면 글자 수가 너무 많아 쉽게 배울 수 없었을 거예요.

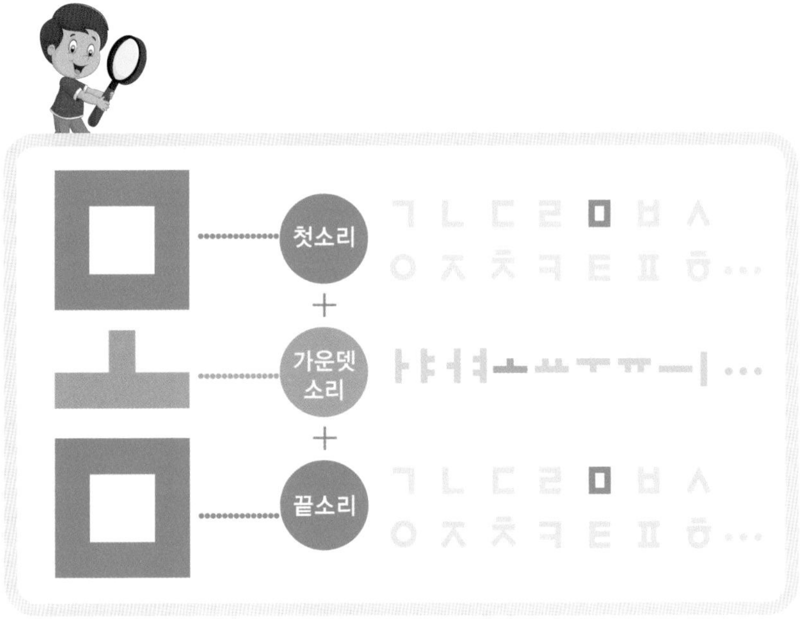

04 모아써서 편해요

첫소리 글자, 가운뎃소리 글자, 끝소리 글자를 합쳐 모아쓰는 방식은 규칙적이고 실용적이예요. 그 덕에 글자를 빨리 읽고 쓸 수 있어요. 만약 '한글'을 'ㅎㅏㄴㄱㅡㄹ'과 같이 풀어썼다면 쉽게 이해할 수 없고 읽는 속도도 느렸을 거예요. 풀어쓸 때보다 모아쓸 때 2.5배 더 빨리 읽는다는 실험 결과도 있답니다.

ㄱㅗㅁㅏㅇㅜㄴㅎㅏㄴㄱㅡㄹ

고마운 한글

05 자음과 모음의 결합이 규칙성을 가져요

자음과 모음을 합치는 방식 또한 규칙성을 가져요. 자음과 모음의 결합에서 최소한의 규칙성을 지닌 움직임으로 최대의 글자는 만들어 내는 것이지요. '고'에서 'ㄱ'을 고정시키고 모음 'ㅗ'를 오른쪽 방향으로 90도씩 회전하면 '가－구－거'가 만들어져 '고, 가, 구, 거'와 같은 글자 체계를 이루게 되지요. 최소의 글자를 가지고 최소의 움직임만으로 최대의 글자를 만들어내니 참 과학적이고 신기하죠.

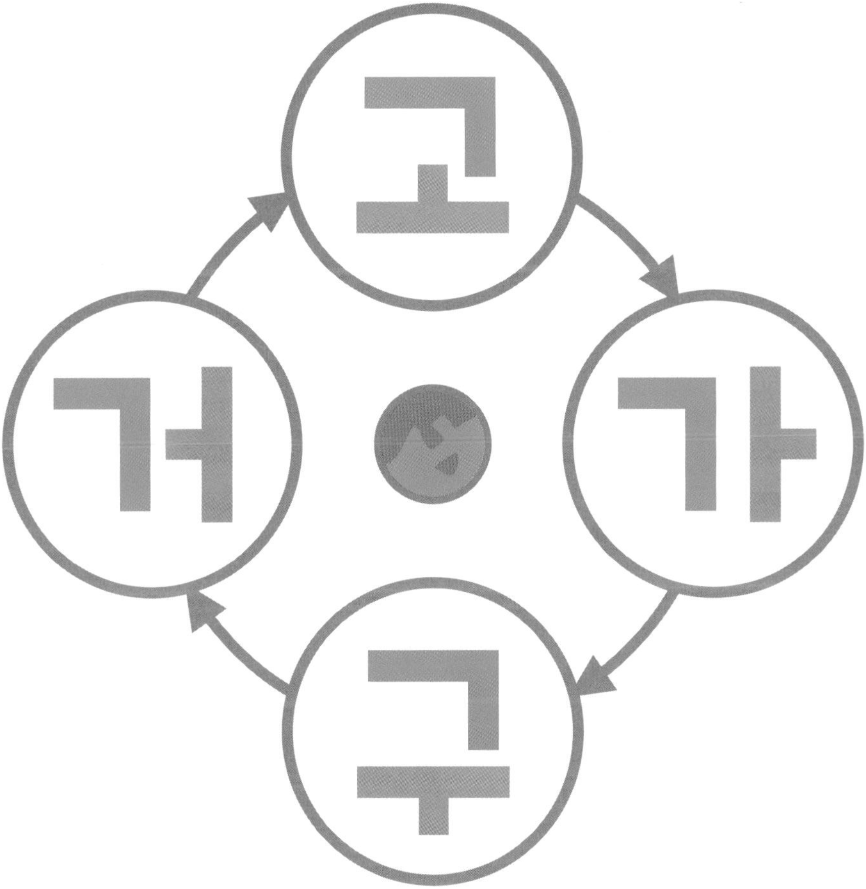
고
가
구
거

06 컴퓨터와 휴대전화와 잘 어울려요

한글 표준 자판

ㅂ	ㅈ	ㄷ	ㄱ	ㅅ	ㅛ	ㅕ	ㅑ	ㅐ	ㅔ
ㅁ	ㄴ	ㅇ	ㄹ	ㅎ	ㅗ	ㅓ	ㅏ	ㅣ	
ㅋ	ㅌ	ㅊ	ㅍ	ㅠ	ㅜ	ㅡ			

영문 표준 자판

Q	W	E	R	T	Y	U	I	O	P
A	S	D	F	G	H	J	K	L	
Z	X	C	V	B	N	M			

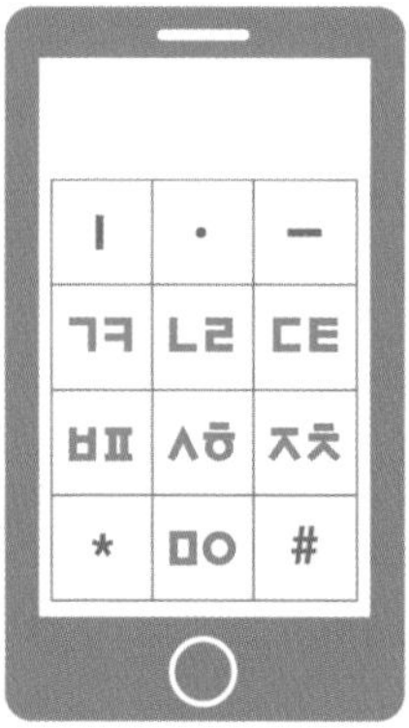

천지인

나랏글

스카이한글

컴퓨터랑 가장 어울리는 문자는 무엇일까요? 바로 한글이에요. 컴퓨터는 매우 규칙적인 원리로 움직이는데 규칙적인 문자는 한글이기 때문이에요. 컴퓨터는 0과 1 두 숫자만으로 온갖 복잡한 계산까지 다 해내지요. 세종대왕도 28자만으로 온갖 글자를 만들어 모든 소리를 적게 하였지요.

그래서 우리는 컴퓨터 자판에서 한글을 치거나 휴대전화에서 한글을 칠 때 편리하게 빨리 칠 수 있는 거예요. 컴퓨터 영어 자판에서 'read'를 쳐보세요. 왼손만으로 치지요. 그런데 우리 한글 자판에서 '독서'를 쳐 보세요. 왼손과 오른손을 골고루 사용해서 치지요. 자음은 왼손으로 모음은 오른손으로 치지요. 영어는 자음과 모음이 마구 뒤섞여 있어 치기 힘들어요.

휴대전화는 글자 배치판이 더 적지요. 이럴수록 한글이 더 빛을 발해요. 영어는 세 번씩 눌러야 되는 글자가 많지요. 영어 글쇠판에서 어느 한 칸에 있는 두 번째 있는 글자는 두 번, 세 번째 있는 글자는 세 번 누르는 거에요. 한자 치기는 더욱 힘들지요. 영어로 소리를 친 뒤 나오는 많은 한자를 골라야 해요.

이를테면 'ga'를 치면 '가' 자가 무려 아홉 개나 떠요. 그 중 하나를 고르는 것이지요.

한글 휴대전화는 크게 세 가지가 쓰여요. 삼성에서 나온 애니콜은 모음 수가 적고 세종대왕이 처음 만든 아래아(·)가 있지요. 이 세 자를 합성해서 다양한 모음을 만들어요. ㅣ 와 · 를 치면 ㅏ 가 되지요. 나랏글이란 방식은 자음 수가 적지요. 가획의 원리를 살려 치도록 했기 때문이에요. ㄱ에 획추가를 누르면 ㅋ이 되지요. 두 글쇠판 모두 훈민정음 제자 원리를 잘 살려 만들어 무척 편리하지요. 스카이 자판은 자음과 모음이 모두 보여 편리해요.

휴대전화 자판에 적용된 훈민정음 제자원리

이름	배치도	표지 자모수
천지인	ㅣ | · | ㅡ ㄱ ㅋ | ㄴ ㄹ | ㄷ ㅌ ㅂ ㅍ | ㅅ ㅎ | ㅈ ㅊ * | ㅇ ㅁ | #	자음자:14 모음자:3
나랏글	ㄱ | ㄴ | ㅏ ㅓ ㄹ | ㅁ | ㅗ ㅜ ㅅ | ㅇ | ㅣ 획추가 | ㅡ | 쌍자음	자음자:6 모음자:6

07 세종대왕이 처음 보여 준 낱말은 무엇이 있나요?

세종대왕은 새 문자를 반포하면서 친절하게도 "실제 이렇게 쓰라"는 의미에서 많은 낱말 예를 보여 주었어요.

첫소리 글자 보기

	옛 낱말	현대 낱말	옛 낱말	현대 낱말
ㄱ	:감	감	·골	갈대
ㅋ	우·케	우케(찧지 않은 벼)	콩	콩
ㆁ	러·ᅌᅮᆯ	너구리	서·ᅌᅦ	성엣장
ㄴ	노로	노루	ᄂᆞᆸ	원숭이
ㄷ	·뒤	띠	·ᄃᆞᆷ	담
ㅌ	고·티	고치	두텁	두꺼비
ㄹ	·무뤼	우박	어·름	얼음
ㅁ	:뫼	산	·마	마
ㅂ	ᄇᆞᆯ	팔	:벌	벌
ㅍ	·파	파	·ᄑᆞᆯ	파리
ㅸ	사·ᄫᅵ	새우	드·ᄫᅴ	뒤웅박

	옛 낱말	현대 낱말	옛 낱말	현대 낱말
ㅅ	·손	손	:셤	섬
ㅈ	·자	자	죠·히	종이
ㅊ	·쳬	체	·채	채찍
ㅿ	아ᅀᆞ	아우	:너ᅀᅵ	너새
ㆁ	·비ᅌᅲᆨ	병아리	·ᄇᆞ얌	뱀
ㆆ	·부ᅙᅥᆼ	부엉이	·힘	힘줄

가운뎃소리 글자 보기

	용자례	현대어	용자례	현대어
ㆍ	·ᄐᆞᆨ	턱	·ᄑᆞᆺ	팥
	ᄃᆞ리	다리	·ᄀᆞ래	가래
ㅡ	믈	물	:발측	발뒤축/발꿈치
	그력	기러기	드레	두레박
ㅣ	·깃	둥지	:밀	꿀밀(밀납)
	·피	피	·키	키
ㅗ	논	논	·톱	톱
	호·ᄆᆡ	호미	벼로	벼루

	용자례	현대어	용자례	현대어
ㅏ	밥	밥	·낟	낫
	이·아	잉아	사ᄉᆞᆷ	사슴
ㅜ	숫	숯	울	울타리
	누에	누에	구·리	구리
ㅓ	브ᅀᅥᆸ	부엌	:널	널
	서·리	서리	버·들	버들
ㅛ	죵	종	·고욤	고욤
	·쇼	소	삽됴	삽주
ㅑ	남샹	남생이	약	바다거북
	다·야	손대야	쟈감	메밀껍질
ㅠ	율믜	율무	쥭	주걱
	슈룹	우산	쥬련	수건
ㅕ	·엿	엿	·뎔	절
	·벼	벼	:져비	제비

끝소리 글자(받침) 보기

	용자례	현대어	용자례	현대어
ㄱ	닥	닥나무	독	독
ㄴ	·신	신	·반되	반디
ㄷ	·갇	갓	ᄉᆡᆮ	신나무
ㄹ	·ᄃᆞᆯ	달	:별	별
ㅁ	:범	범	:ᄉᆡᆷ	샘
ㅂ	섭	섶나무	·굽	굽(발굽)
ㅅ	:잣	잣나무	·못	못
ㆁ	·굼벙	굼벵이	·올창	올챙이

처음 배우는 이들이 쉽게 알 수 있도록 한두 글자 낱말과 동식물 낱말이 많지요.

두텁

두꺼비

노로

노루

올창

올챙이

비육

병아리

ᄑᆞᆺ ······  팥

ᄀᆞᆯ ······  갈대

율믜 ······ 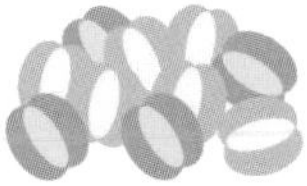 율무

콩 ······  콩

넷째

쇠의 마당.

한글 역사 이야기

01 '훈민정음, 언문, 한글' 등의 용어는 어떻게 쓰였나요?

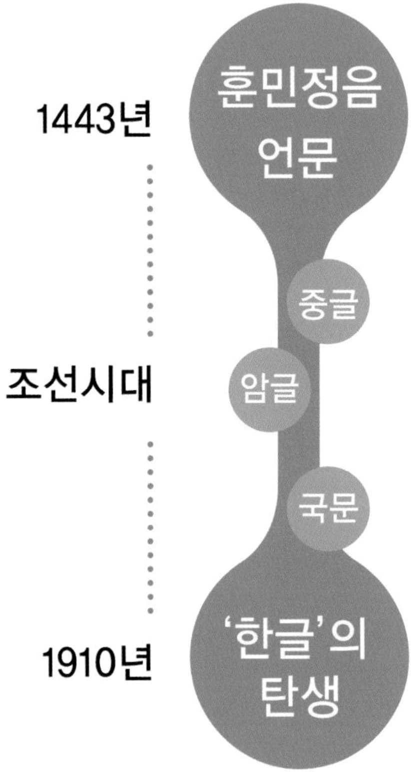

'훈민정음', '언문', '한글' 모두 1443년에 창제되고 1446년에 반포한 우리나라 고유의 문자 이름이에요. 그런데 그 쓰임새는 조금 다르답니다. 조선시대에는 주로 '언문(諺文)'이라는 이름으로, 그 이후에는 '한글'이라는 이름으로 불리었고, 특별한 경우에 '훈민정음'으로 사용되었어요.

조선시대에는 주로 '훈민정음'이라는 이름을 사용한 것으로 알고 있지만

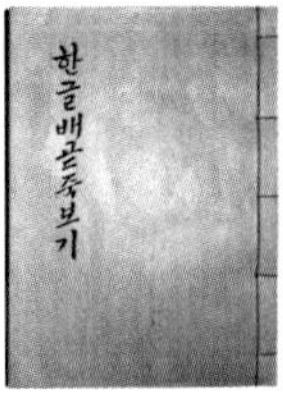

▶ 한글배곧죽보기
(조선어강습원 연혁)

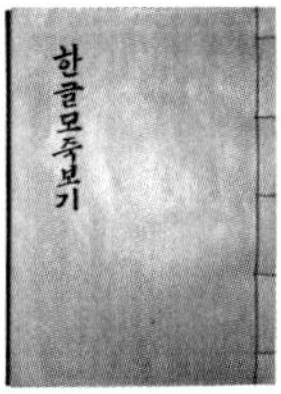

▶ 한글모죽보기
(국어연구학회 연혁)

▶ 한글배곧
(조선어강습원) 졸업장

실제로 그렇지는 않아요. 주로 '언문'이라는 명칭을 사용하였고, 1446년 이전에는 세종대왕도 그러했어요. '훈민정음'은 말 그대로 '백성을 가르치기 위한 바른 소리'라는 뜻으로 주로 특별한 때만 사용되었어요.

'언문'은 보통 우리 고유의 문자 '훈민정음'의 낮춤말로 알고 있지만, 실제로는 '전하는 말이나 사람들이 주고받는 말을 그대로 옮기어 적을 수 있는 문자'라는 뜻이에요. 세종대왕도 이 이름을 사용한 기록이 있고 특별한 경우에만 '훈민정음'이라는 이름을 썼어요. '언문'은 궁중과 일부 양반층, 백성들 사이에서 널리 사용되었어요. 그런데 사람들이 '훈민정음'을 얕잡아 '언문'이라고 쓰다 보니 낮춤말이 되어버렸답니다. 1894년 갑오개혁 이후 '국서(國書)', '국문(國文)' 또는 '조선글'로 불리기도 하였지만 주로 '언문'

으로 불렸어요.

'한글'은 '오직 하나의 큰 글, 한나라 글'이라는 의미로 1910년 이후에 주시경 선생에 의해 널리 퍼졌어요. 특히 주시경 선생은 1913년 3월 23일 조선언문회(朝鮮言文會, 지금의 한글학회) 총회에서 '배달말글 몯음'을 '한글모'로 바꾸기로 결정하였고, 1914년 4월에는 '조선어강습원'을 '한글배곧'으로 이름을 바꾸었어요. 이런 흐름으로 볼 때 '한글'은 주시경 선생에 의해 1913년 무렵부터 본격적으로 쓰이게 된 것으로 보이는데, 최남선이 이름을 지었다는 주장도 있어요. 1927년에는 조선어학회 회원들이 《한글》이라는 잡지를 매달 발간하였고, 1928년 11월 11일에 조선어연구회에서 '가갸날'을 '한글날'로 고쳐 부르니 '한글' 용어가 더욱 널리 퍼졌어요.

그밖의 이름

'암글(암클), 중글'이라고도 불렸어요. '암클'에서 '암ㅎ'은 여자들을 낮추어서 일컫는 말이에요. 남자들은 어려운 중국글(진서, 진짜 글이라는 뜻)를 배우고 쓰지만, 여자들은 쉬운 글자나 배우고 쓴다는 남존여비의 사고 방식과 사대 사상에서 나온 것이에요. 그런데 이 말은 그만큼 여자들이 한글 발전에 크게 이바지했다는 사실을 보여주는 말이기도 해요. 왜냐하면 우리 말글살이 역사에서 내간체(주로 여자들이 쓴 문체)라는 말이 생겼을 정도로 한글이 핍박을 받을 때도 여자들의 일기나 편지글에 의해 한글이 널리 퍼졌기 때문이지요.

중글은 '중들의 글자'라는 뜻으로 부처님 말씀을 담은 불경을 한글로 번역하여 널리 퍼뜨리다보니 생긴 말이에요.

02 한글날은 왜 10월 9일이 되었나요?

한글날은 훈민정음을 해설한 책 《훈민정음》 해례본을 만들어 반포한 것을 기념하는 날이예요.

《훈민정음》 해례본은 몇 권을 찍었는지 알 수 없으나, 언젠가부터 보이지 않다가 1940년 경상북도 안동에서 발견되었어요. 이 원본이 발견되기 전까지는 훈민정음 반포 날짜를 음력 9월 29일로 정하고 1926년부터 한글날 기념식을 가졌었어요. 그런데 《훈민정음》 해례본 맨 뒤를 보면 "정통 십일년

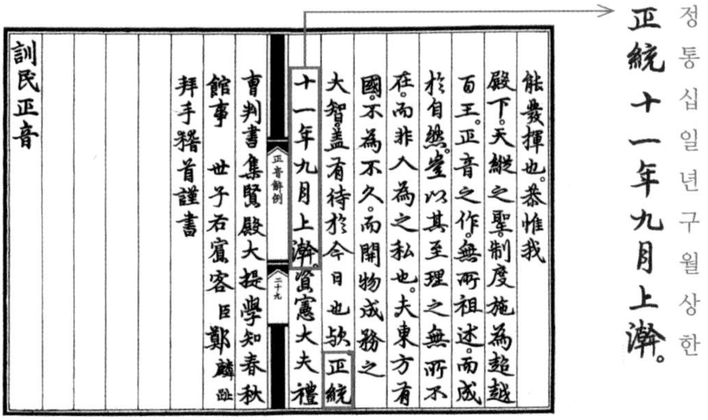

▶ 간행 날짜가 적힌 《훈민정음》 해례본

구월 상한(上澣)"이라고 적혀있어요. 정통 11년은 1446년을 가리키고, '상한'은 '상순'과 같은 말로 1일부터 10일까지를 뜻하는데, 당시 조선어학회에서는 1일부터 10일 중 어느 날인지 정확히 알 수 없으므로 상순의 마지막 날인 음력 9월 10일을 《훈민정음》 해례본을 반포한 날로 정했어요. 그래서 1945년부터 음력 9월 10일을 양력으로 바꿔 10월 9일에 기념식을 하기 시작했어요.

그렇다면 북한에도 한글날이 있을까요? 남한처럼 '한글날'이라고 부르지는 않지만 북한에서도 한글 창제를 기념하고 있어요. 다만 남한은 훈민정음을 반포한 날을, 북한은 '조선글날' 또는 '훈민정음 창제 기념일'이라 하여 훈민정음을 창제한 날을 기념하고 있다는 점이 다르답니다. 1443년 음력 12월 30일 자 《조선왕조실록》에 "이달에 임금이 친히 언문 28자를 지으셨다."라는 기록이 나와요. '이달에'라고 했으니, 정확히 12월 어느 날에 새 문자가 만들어졌는지는 알 수 없어요. 그래서 북한은 12월 중간인 12월 15일을 창제일로 잡고, 그 날짜를 양력으로 바꾸어 1월 15일을 기념일로 삼고 있어요.

누구나 알아야 할 훈민정음, 한글 이야기 28

03 훈민정음 해례본 간송본은 어디 가서 볼 수 있나요?

연도	경과	내용	주체	1940년 이후
1443		〈훈민정음〉창제	세종대왕	
1446		〈훈민정음〉해례본	세종 외 8인	
1940	494년 뒤	〈훈민정음〉해례본 발견 소장	이용준 간송 전형필	
1962	516년 뒤	[국보] 70호 지정	대한민국	22년 뒤
1997	551년 뒤	[세계기록유산] 지정	유네스코	37년 뒤
2002	556년 뒤	[100대 한글문화유산] 1호 지정	문화관광부	62년 뒤

세종대왕이 1446년에 처음으로 펴낸 훈민정음 해설서인 《훈민정음》 해례본을 초간본 또는 원본이라 불러요. 이 원본이 언젠가부터 공식 자리에서 안 보이더니 494년 만인 1940년에 경상북도 안동 어느 집안에서 발견되었어요.

이용준이란 분이 발견하여 간송 전형필 선생이 이를 비싼 돈을 주고 사들였어요. 그래서 이 책을 전형필 선생의 호를 따서 간송본이라 부르는 것이에요. 이 책은 바로 간송 선생이

▶ 간송 전형필 선생의 가슴상

▶ 1938년 건립 당시의 간송미술관(간송미술문화재단 제공)

1938년에 세운 간송미술관(보화각)에 매우 안전하게 보존되어 있어요.

1940년은 우리나라가 일본에 의해 지배를 받던 시절이었고 일본이 혹독하게 우리를 괴롭히던 때였어요. 우리말과 글도 일상 생활에서 못쓰게 하고 학교에서 가르치지도 못하게 해서 일본말만 강제로 해야 했지요. 일제는 아예 우리 이름을 일본식으로 강제로 바꾸게까지 했어요. 이렇게 고난의 시기에 세종대왕의 큰 뜻이 담긴 《훈민정음》 해례본이 나타나 우리에게 민족의 자부심을 주고 희망을 주었던 것이지요.

간송 전형필 선생은 1938년에 간송미술관을 세우고 일본이 망가뜨리거나 자기 나라로 빼돌리려는 수많은 문화재를 사들여 잘 보존, 보관하는 일을 했어요. 6·25전쟁이 났을 때도 《훈민정음》 해례본만큼은 끌어안고 잤을 만큼 온 힘으로 지켜냈어요. 이런 덕에 우리는 세종의 위대한 한글 꿈을 자세히 알게 된 것이에요.

이 책은 1962년에 국보 70호로 지정되었고, 1997년에는 세계기록유산으로 등재되어 전 세계인들의 귀중한 문화재가 되었어요. 2002년에는 100대 한글문화유산 1호로 선정되었지요. 이 책이 매우 소중하다 보니 값을 매길 수 없는 물건이라 하여 '무가지보'라 불러요.

여러분이 이 책을 보기 위해서는 한글날 때 간송미술관에 가서 특별 전시를 보아야 해요. 그런데 간송미술관에서는 이 책을 누구나 볼 수 있게 하기 위해 똑같이 복간한 복간본을 2015년에 펴냈고, 이제 도서관에서 가서 빌려 볼 수도 있어요.

▶ 2015년에 최초로 발간된 《훈민정음》 해례본 복간본

04 왜 'ㄱ, ㄷ, ㅅ'을 '기역, 디귿, 시옷'이라 부르게 되었나요?

지금 우리가 쓰는 한글 기본 자음 글자 수는 14자예요. 그 자음을 부르는 이름 가운데 'ㄱ, ㄷ, ㅅ' 세 글자는 명칭의 규칙에서 조금 벗어나 있어요. '기윽, 디읃, 시읏'이 아닌 '기역, 디귿, 시옷'으로 쓰이고 있어요. 다른 자음들은 모음 가운데서도 가장 기본 모음이면서 바탕 모음인 'ㅣ, ㅡ'를 활용해 나타내요. 자음은 혼자 발음할 수 없고 모음의 도움을 받아야 발음할 수 있기 때문이에요. 이렇듯 두 모음을 통해 첫소리에서 나는 자음과 끝소리에서 나는 자음을 동시에 드러내는 'ㄴ(니은), ㄹ(리을)' 식으로 이름을 붙였어요. 그런데 '기역, 디귿, 시옷'만은 그렇지 않아요.

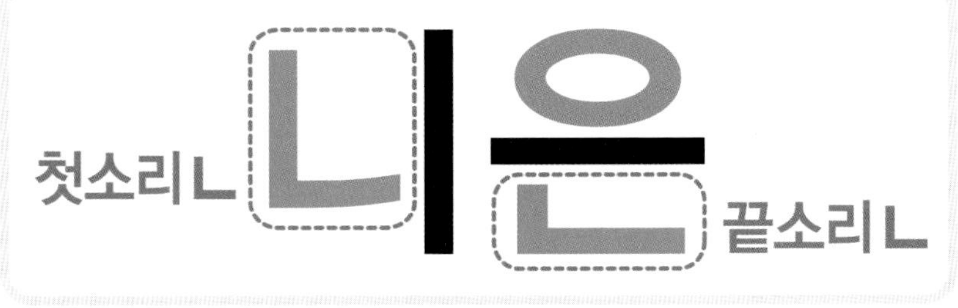

자음 명칭

ㄱ	ㄴ	ㄷ	ㄹ	ㅁ
기역	니은	디귿	리을	미음
ㅂ	ㅅ	ㅇ	ㅈ	ㅊ
비읍	시옷	이응	지읒	치읓
ㅋ	ㅌ	ㅍ	ㅎ	
키읔	티읕	피읖	히읗	
ㄲ	ㄸ	ㅃ	ㅆ	ㅉ
쌍기역	쌍디귿	쌍비읍	쌍시옷	쌍지읒

한글 기본 자음의 이름은 1527년 최세진이 펴낸 《훈몽자회》에 처음 등장해요. 조선 시대 어학자 최세진이 당시에 통용된 것을 기록으로 남긴 책이예요. 《훈몽자회》를 보면 자음의 이름을 한자로 적을 때 '-은, -을' 같은 음은 대응되는 한자 '隱(은), 乙(을)'로 적었으나, 대응되는 한자가 없는 '-윽, -읃, -읏'은 이와 비슷한 한자의 음이나 뜻을 빌려 '기역, 디귿, 시옷'으로 적었어요. 다시 말해, '기역'은 '其役(기역)'으로, '디'은 '池末(디말)'로, '시옷'은 '時衣(시의)'로 적은 거예요.

'윽'은 '役(부릴 역)'으로 비슷한 한자음을 취하도록 한 거예요. 그러나 '末'의 경우는 뜻의 음이 비슷한 '末(끝 말)' 자로, '읏'도 뜻의 음이 비슷한 '衣(옷 의)'에서 '옷'을 따와 자모의 명칭으로 삼았어요. 이들 명칭은 다른 명칭과 다르기는 하지만 첫소리의 자음과 끝소리의 자음을 모두 보여 주는 방식은 '니은, 리을' 등의 다른 자음과 같아요.

우리나라에서는 이런 오랜 전통을 존중하여 '기역, 디귿, 시옷'으로 부르지만, 북한에서는 다른 것과의 일관성을 좇아 '기윽, 디읃, 시읏'으로 명칭을 삼고있어요.

자음(19자)

대한민국	순서	ㄱ	ㄲ	ㄴ	ㄷ	ㄸ	ㄹ	ㅁ	ㅂ	ㅃ	ㅅ	ㅆ	ㅇ	ㅈ	ㅉ	ㅊ	ㅋ	ㅌ	ㅍ	ㅎ
	이름	기역	쌍기역	니은	디귿	쌍디귿	리을	미음	비읍	쌍비읍	시옷	쌍시옷	이응	지읒	쌍지읒	치읓	키읔	티읕	피읖	히읗
북한	순서	ㄱ	ㄴ	ㄷ	ㄹ	ㅁ	ㅂ	ㅅ	(ㅇ)	ㅈ	ㅊ	ㅋ	ㅌ	ㅍ	ㅎ	ㄲ	ㄸ	ㅃ	ㅆ	ㅉ
	이름	기윽	니은	디읃	리을	미음	비읍	시읏	이응	지읒	치읓	키읔	티읕	피읖	히읗	된기윽	된디읃	된비읍	된시읏	된지읒

모음(21자)

대한민국	순서	ㅏ	ㅐ	ㅑ	ㅒ	ㅓ	ㅔ	ㅕ	ㅖ	ㅗ	ㅘ	ㅙ	ㅚ	ㅛ	ㅜ	ㅝ	ㅞ	ㅟ	ㅠ	ㅡ	ㅢ	ㅣ
	이름	아	애	야	얘	어	에	여	예	오	와	왜	외	요	우	워	웨	위	유	으	의	이
북한	순서	ㅏ	ㅑ	ㅓ	ㅕ	ㅗ	ㅛ	ㅜ	ㅠ	ㅡ	ㅣ	ㅐ	ㅒ	ㅔ	ㅖ	ㅚ	ㅟ	ㅢ	ㅘ	ㅝ	ㅙ	ㅞ
	이름	아	야	어	여	오	요	우	유	으	이	애	얘	에	예	외	위	의	와	워	왜	웨

▶ 자음과 모음의 남북 명칭과 사전에서의 배열 순서

05 현대 한글의 자모로 조합할 수 있는 글자 수는 몇 자인가요?

▶ 11,172명이 직접 쓴 손글씨 한글 11,172자를 돌에 새긴 한글 문자마당(서울 세종로)

한글은 모음자를 중심으로 한 글자 단위로 모아서 써요. 모음자를 중심으로 첫소리 자음과 끝소리 자음(받침)을 모아서 쓰는 것이지요. 물론 받침이 없는 글자도 있어요. 가로로 풀어쓰는 영어 알파벳과 다른 이런 특징 때문에 한글은 가로뿐만 아니라 세로로도 글자를 배열할 수 있는데, 그래서 바둑판처럼 논리정연하게 배열되는 음절표가 생긴 거예요.

무엇보다 모아쓰기 음절 글자의 장점은 자음과 모음을 결합하여 수많은 음절 글자를 생성할 수 있다는 점이에요. 과학적 원리의 실용성을 보여주는 장점이지요. 한글맞춤법에서는 한글 기본 자모의 수를 다음과 같이 24자로 정해놓고 있어요.

	ㄱ	ㄴ	ㄷ	ㄹ	ㅁ	ㅂ	ㅅ	ㅇ	ㅈ	ㅊ	ㅋ	ㅌ	ㅍ	ㅎ	ㄲ	ㄸ	ㅃ	ㅆ	ㅉ
ㅏ	가	나	다	라	마	바	사	아	자	차	카	타	파	하	까	따	빠	싸	짜
ㅑ	갸	냐	댜	랴	먀	뱌	샤	야	쟈	챠	캬	탸	퍄	햐	꺄	땨	뺘	쌰	쨔
ㅓ	거	너	더	러	머	버	서	어	저	처	커	터	퍼	허	꺼	떠	뻐	써	쩌
ㅕ	겨	녀	뎌	려	며	벼	셔	여	져	쳐	켜	텨	펴	혀	껴	뗘	뼈	쎠	쪄
ㅗ	고	노	도	로	모	보	소	오	조	초	코	토	포	호	꼬	또	뽀	쏘	쪼
ㅛ	교	뇨	됴	료	묘	뵤	쇼	요	죠	쵸	쿄	툐	표	효	꾜	뚀	뾰	쑈	쬬
ㅜ	구	누	두	루	무	부	수	우	주	추	쿠	투	푸	후	꾸	뚜	뿌	쑤	쭈
ㅠ	규	뉴	듀	류	뮤	뷰	슈	유	쥬	츄	큐	튜	퓨	휴	뀨	뜌	쀼	쓔	쮸
ㅡ	그	느	드	르	므	브	스	으	즈	츠	크	트	프	흐	끄	뜨	쁘	쓰	쯔
ㅣ	기	니	디	리	미	비	시	이	지	치	키	티	피	히	끼	띠	삐	씨	찌
ㅐ	개	내	대	래	매	배	새	애	재	채	캐	태	패	해	깨	때	빼	쌔	째
ㅔ	게	네	데	레	메	베	세	에	제	체	케	테	페	헤	께	떼	뻬	쎄	쩨
ㅖ	계	녜	뎨	례	몌	볘	셰	예	졔	쳬	켸	톄	폐	혜	꼐	뗴	뼤	쎼	쪠
ㅒ	걔	냬	댸	럐	먜	뱨	섀	얘	쟤	챼	컈	턔	퍠	햬	꺠	떄	뺴	썌	쨰
ㅘ	과	놔	돠	롸	뫄	봐	솨	와	좌	촤	콰	톼	퐈	화	꽈	똬	뽜	쏴	쫘
ㅚ	괴	뇌	되	뢰	뫼	뵈	쇠	외	죄	최	쾨	퇴	푀	회	꾀	뙤	뾔	쐬	쬐
ㅙ	괘	놰	돼	뢔	뫠	봬	쇄	왜	좨	쵀	쾌	퇘	퐤	홰	꽤	뙈	뽸	쐐	쫴
ㅝ	궈	눠	둬	뤄	뭐	붜	숴	워	줘	춰	쿼	퉈	풔	훠	꿔	뚸	뿨	쒀	쭤
ㅟ	귀	뉘	뒤	뤼	뮈	뷔	쉬	위	쥐	취	퀴	튀	퓌	휘	뀌	뛰	쀠	쒸	쮜
ㅞ	궤	눼	뒈	뤠	뭬	붸	쉐	웨	줴	췌	퀘	퉤	풰	훼	꿰	뛔	쀄	쒜	쮀
ㅢ	긔	늬	듸	릐	믜	븨	싀	의	즤	츼	킈	틔	픠	희	끠	띄	쁴	씌	쯰
받침	ㄱ, ㄲ, ㄳ, ㄴ, ㄵ, ㄶ, ㄷ, ㄹ, ㄺ, ㄻ, ㄼ, ㄽ, ㄾ, ㄿ, ㅀ, ㅁ, ㅂ, ㅄ, ㅅ, ㅆ, ㅇ, ㅈ, ㅊ, ㅋ, ㅌ, ㅍ, ㅎ																		

▶ 현대 한글 음절표

자음	ㄱ(기역), ㄴ(니은), ㄷ(디귿), ㄹ(리을), ㅁ(미음), ㅂ(비읍), ㅅ(시옷), ㅇ(이응), ㅈ(지읒), ㅊ(치읓), ㅋ(키읔), ㅌ(티읕), ㅍ(피읖), ㅎ(히읗)
모음	ㅏ(아), ㅑ(야), ㅓ(어), ㅕ(여), ㅗ(오), ㅛ(요), ㅜ(우), ㅠ(유), ㅡ(으), ㅣ(이)

위와 같은 기본 24자 외에 기본자를 바탕으로 응용하여 확장해 만든 글자로는 자음 5자, 모음 11자가 더 있어요.

자음	ㄲ(쌍기역), ㄸ(쌍디귿), ㅃ(쌍비읍), ㅆ(쌍시옷), ㅉ(쌍지읒)
모음	ㅐ(애), ㅒ(얘), ㅔ(에), ㅖ(예), ㅘ(와), ㅙ(왜), ㅚ(외), ㅝ(워), ㅞ(웨), ㅟ(위), ㅢ(의)

그렇다면 받침 없는 글자 수는 (19자×21자=)399자가 되고, 받침 있는 글자 수는 (399자×27자=)10,773자가 됩니다. 이렇게 나온 받침 없는 글자 수와 받침 있는 글자 수를 모두 합치

면 11,172자가 돼요. 이러한 놀라운 숫자는 한글의 과학성 때문에 가능한 것이고, 그만큼 말소리를 받아쓸 수 있는 영역이 넓다는 증거가 되는 것이지요.

11,172자 가운데 실제 쓰이는 글자 수는 2,500자 안팎이에요. 오늘날 우리나라에는 말소리가 없어져 쓰이지 않는 글자가 많지만, 이런 글자를 응용해 모든 인류의 다양한 말소리를 적을 수도 있어요. 이처럼 한글은 잠재적 실용성이 뛰어난 문자랍니다.

06 정조가 어렸을 때 쓴 한글편지는 무엇인가요?

정조는 신하나 백성들한테 무엇을 전할 때 한글을 많이 사용한 임금이랍니다. 그래서 그런지 1750년대 후반, 어린 시절에 쓴 편지가 두 통이나 남아 있어요.

〈사진 1〉은 원손 시절에 외숙모인 민 씨에게 보낸 편지글이에요. 원손은 아직 왕세손으로 책봉되지 아니한 왕세자의 맏아들을 가리켜요. 정조는 8살에 왕세손이 되니 그 전에 쓴 편지예요.

어린 나이에 편지 틀에 맞추면서도 작은어머니를 향한 애틋한 그리움을 잘 드러내고 있지요. 할아버지의 건강에도 마음 쓰는, 효성스러운 손자다운 모습이 대견하지요.

편지 내용은 이렇답니다.

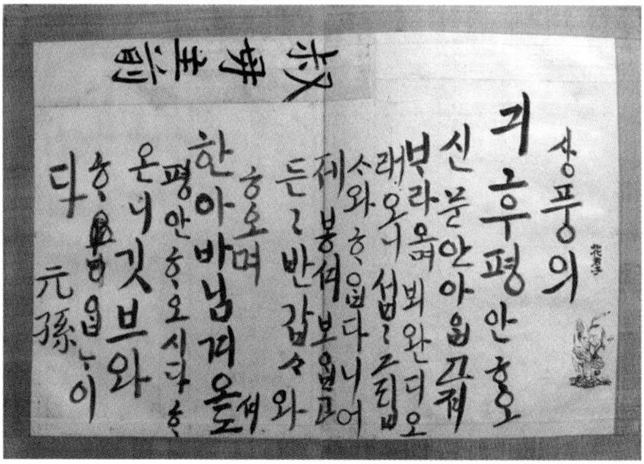

▶〈사진 1〉 정조의 원손 시절 한글 편지

숙모님께

가을바람에 몸과 마음이 평안하신지 안부를 여쭙습니다. 뵈온 지가 오래되어 섭섭하고 그리웠는데, 어제 봉서(편지)를 받고 든든하고 반가우며 할아버님께서도 평안하시다고 하오니 기쁘옵니다.

－원손

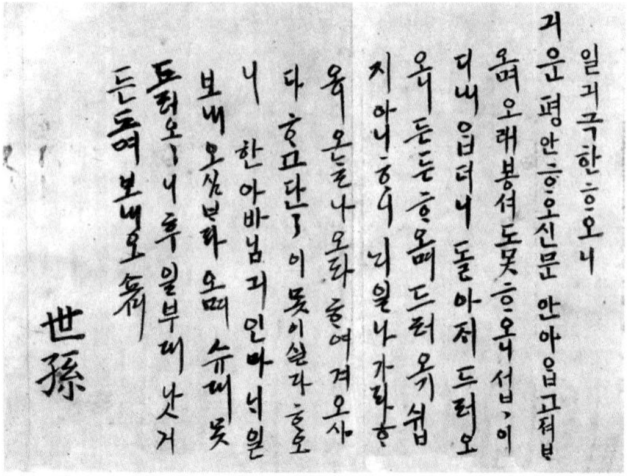

▶〈사진 2〉 정조의 세손 시절 한글 편지

〈사진 2〉는 세손 시절의 편지글이예요. "날씨가 몹시 차가운데 기운 평안하게 지내신다는 문안을 알고자 바라며"로 시작하는 글이 세손의 몸으로 편지 격식을 차려 웃어른께 안부 여쭙는 모습이 제법 의젓해 보이지요. 궁 밖 친척과의 왕래가 눈앞에 펼쳐지듯 매우 정감스럽게 묘사되어 편지로서의 섬세함을 드러내고 있답니다.

편지 내용은 이렇답니다.

날씨 몹시 추운데, 기운이 평안하오신지 문안 알기를 바라옵니다.

오랫동안 봉서(편지)도 못 하여 섭섭하게 지냈는데, 돌아재가 들어오니 든든합니다.

[내(세손)가 돌아재에게] "(사가 사람이 궁에) 들어오기 쉽지 않으니 내일 나가라." 하오니,

[돌아재가 대답하기를] "오늘 나오라고 하셨습니다." 하면서 단호하게 못 있겠다고 합니다.

할아버님께 인마(사람과 말)를 내일 보내오시길 바라오며,

(인마는) 수대로 (다) 못 들어오니 훗날 부디 (형편이) 낫거든 들여보내시옵소서.

–세손

다섯째

훍의 마당.

세계 속의 한글 이야기

01 한글을 외국에서는 어떻게 평가하나요?

한글의 우수성을 해외에 최초로 알린 이는 네덜란드 사람 하멜이었어요. 하멜은 조선 효종 임금 때인 1653년(효종 4)에 64명의 선원과 함께 스페르웨르호를 타고 무역을 하러 일본 나가사키를 향해 가다가 폭풍을 만나 제주도 부근에서 배가 난파되어 우리나라에 들어오게 되었어요. 무려 13년이나 우리나라에 붙잡혀 일하다 13년만인 1666년 9월에 7명의 동료와 함께 탈출, 일본 나가사키를 거쳐 1668년 본국으로 돌아가 《하멜 표류기》라는 책을 썼어요. 이 책에서 하멜은 한글에 대해 일반 백성들이 사용하는 문자로 배우기가 매우 쉽고, 어떤 사물이든지 쓸 수 있다고 했지요.

그 뒤로 한글을 해외에 제대로 알린 이는 헐버트였어요. 24살에 영어 교사로 우리나라에 온 그는 한글만큼 간결하고 소리를 잘 적을 수 있는 문자는 이 세상에 없다고 했지요. 그래서 직접 3년간 한글과 우리말을 배워 《사민필지》라는 한글로만 쓴 세계지리 교과서를 1890년에 펴냈어요.

1668 네델란드 **하멜**

한글은 일반 백성들이 사용하는 문자로 배우기가 매우 쉽고, 어떤 사물이든지 쓸 수 있다

1892 미국 **헐버트**

한글만큼 간결하고 소리를 잘 적을 수 있는 문자는 이 세상에 없다

1963 미국 **펄 벅**

세종대왕은 한국의 레오나르도 다빈치이다

1990 영국 **샘슨**

한글이 과학적으로 볼 때 세계에서 가장 훌륭한 글자라는 것은 의심의 여지가 없다

2000 영국 **존 맨**

한글은 모든 알파벳의 꿈이다

영국의 유명한 문자학자인 샘슨은 한글이 과학적으로 볼 때 세계에서 가장 훌륭한 글자라는 것은 의심의 여지가 없다고 했어요. 한글은 음성 기관의 소리 내는 모습을 따라 체계적으로 창제된 과학적인 문자일 뿐만 아니라 더 나아가 문자 자체가 소리의 특질을 반영하고 있다고 했어요. 영어의 T와 N이라는 글자는 소리를 갖고 있지만 음성 기관의 모습과는 아무런 관련이 없지요. 그러나 한글의 N에 해당하는 'ㄴ'은 혀가 잇몸에 닿는 모습을 본떠 만들었고 또 T에 해당하는 'ㄷ'은 'ㄴ'에 한 획을 더하여 같은 자리에서 소리 내는 것을 나타내고 있다고 했어요.

미국의 레드야드(미국 캘리포니아 대학), 맥콜리(전 미국 시카고 대학교 교수)도 비슷한 평가를 했지요. 그래서 미국의 라이샤워는 한글은 오늘날 사용되는 문자 체계 중 가장 과학적이라고 했구요. 미국의 생물학자인 다이아몬드도 한글은 인간이 개발한 문자 체계 중에서 가장 뛰어난 과학적 표기법 체계라고 했어요.

캐슬린 스티븐스 전 미국 대사는 2010년 한글날 특집 다큐

멘터리 〈한글 날아오르다〉 인터뷰에서 "한국인들은 한글의 아름다움과 창의성을 전 세계인들과 나눠야 합니다. 그것은 한국 문화의 힘에 대해 더 깊은 공감을 불러일으킬 것입니다. 한국의 과거, 현재 그리고 미래에 관해서도 말입니다."라고 강조했지요.

독일의 샷세는 "맨 처음 보기에는 한글이 어렵다고 느꼈지만 실제로 배워 보니까 하루 만에 배울 수가 있었습니다. 특히 한글 글자 모양이 입모양이나 발음 모양을 본떠서 만들었다는 사실을 알게 되니까 아주 인상적이고 쉽게 배울 수 있었습니다. 내가 가르치는 학생들은 일주일 안에 한글을 공부해야 돼요. 그만큼 한글은 쉽거든요. 우리 집의 10살도 안된 애들도 취미로 한글을 쉽사리 공부했어요. 자기끼리 비밀로 편지 쓸 때 독일어를 한글로 표현합니다."라고 가족 자랑까지 했어요.

일본의 우메다 교수도 "한글은 세계에서 가장 발달된 음소문자이며 로마자보다 진일보한 자질 문자로서 세계에 자랑할 만한 문자 체계이다."라고 격찬했어요.

소설가인 펄벅은 이러한 위대한 문자를 만든 세종에 대해

"세종대왕은 한국의 레오나르도 다빈치이다."라고 했지요.

이제 영국의 역사 작가인 존맨이 '알파 베타'라는 책에서 한글은 모든 알파벳의 꿈이라고까지 했는지 알겠지요.

이러한 자랑스런 한글 정신을 전 세계인들이 나눠야 해요. 그래서 데이비드 맥켄이란 분은 "외국인이라도 한글을 익혀 사용할 수 있으면 세종대왕의 백성이라 생각한다."라고 한 것이죠.

02 '세종대왕상' 은 어떤 상인가요?

유네스코
세종대왕상
King Sejong
Literacy Prize

UNESCO

세종대왕상의 정확한 이름은 '유네스코 세종대왕 문해상(King Sejong Literacy Prize)'이에요. 이 상은 유네스코(UNESCO)가 한글을 만든 세종대왕의 거룩한 정신을 기리고 문해 보급에 헌신한 개인 및 단체를 격려하기 위해 주는 상이에요. '문해'란 '글을 읽고 이해한다'는 뜻이랍니다. 세종대왕 문해상은 우리 정부의 요청으로 1989년에 제정되었어요. 1990년 제1회 수상자부터 2013년 제24회까지 총 42명(단체)의 개인 및 단체가 이 상을 받았어요.

이 상은 '문해 사업 직접 진행, 국가 또는 지역 단위의 문해 사업 추진, 문해 보급을 위한 언론캠페인, 문해 관련 자료 개발·학술연구 및 조사, 청소년 대상 문해 사업 수행, 언론을 통한 문해 사업 전개' 등 특히 개발도상국 모국어의 발전·보급에 기여한 개인 및 단체에게 주어지는 상이에요. 제1회 인도부터 가나, 페루, 중국, 르완다 등 상을 받은 단체가 속한 나라는 대륙별로 다양해요.

세종대왕 문해상은 크게 '수상 기관 공모→심사→시상'으로 진행되요. 각국에서 모집된 후보자를 국제심사위원단이 심

▶ 이리나 보코바 유네스코 사무총장 축사

▶ 2013년 세종대왕 문해상 시상 장면–인도, 차드공화국 수상 단체 대표들

사·평가하며, 유네스코 사무총장이 세종대왕 문해상 수상자를 최종 선정해요. 2013년에는 인도 국립문맹퇴치국의 문맹퇴치 운동인 '삭사르 바랏 미션(Saakshar Bharat Mission, 글을 읽을 수 있는 인도)'과 아프리카 차드공화국 구에라(Guera) 지역의 '모국어 문해 프로그램(The programme Mother Tongue Literacy)'이 세종대왕 문해상 수상 단체로 선정되었어요.

세종대왕 문해상은 '세계 문해의 날(International Literacy Day)'인 매년 9월 8일 유네스코 본부가 있는 프랑스 파리에서 시상해요. 수상자에게는 상금과 메달, 상장이 수여되고, 수상자들은 유네스코 본부에서 주최하는 문해 포럼 및 다양한 문해 관련 행사에 참여하게 된답니다.

03 한글로 하는 놀이는 무엇이 있나요?

한글은 멋진 문자이기도 하지만 생각을 조금만 바꾸면 다양한 놀이도구로도 변신한답니다.

정사각형 지우개 4개만 있으면 모든 한글을 표현할 수 있는 '한글 지우개 도장'을 만들 수 있어요. 한글 24자를 다 새길 필요도 없어요. 딱 4개의 지우개에 꽉 차게 'ㄱ, ㄷ, ㅇ, ㅣ'를 새긴 뒤에 요리조리 돌려 찍으면 된답니다. 센 소리에는 획을 하나씩 더하는 한글의 '가획원리' 때문에 가능한 일이예요. 이렇게 만들어진 지우개 도장을 이용해서 가방, 컵, 티셔츠 등을 나만의 한글 멋그림 물건들로 재탄생시킬 수 있어요.

한글 자음 모양의 대칭 원리를 이용하면, 색종이를 가지고 예쁜 장식을 만들 수도 있어요. 색종이 한 장을 길게 잘라 붙인 뒤 접어서 **ㅁ, ㅂ, ㅅ, ㅇ, ㅈ, ㅊ, ㅍ, ㅎ**처럼 좌우가 똑같이 생긴 글자를 반만 그리고 가위로 잘라보세요, 펼치면 멋진 한글 장식이 완성되요. "Happy birthday to you"라는 영어 대신 축하한다는 말의 "ㅊ, ㅎ"장식으로 생일을 꾸민다면 훨씬 근사하겠죠?

네 개의 자음만으로 만든 한글 작품들

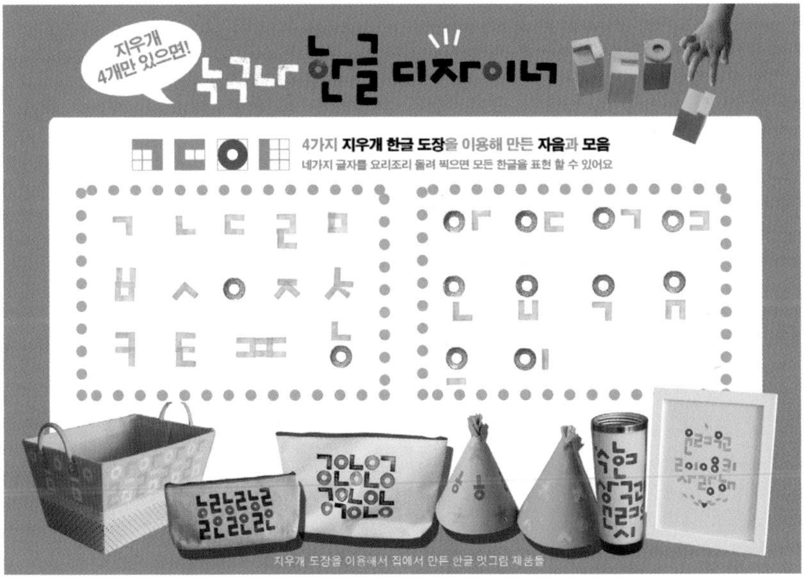

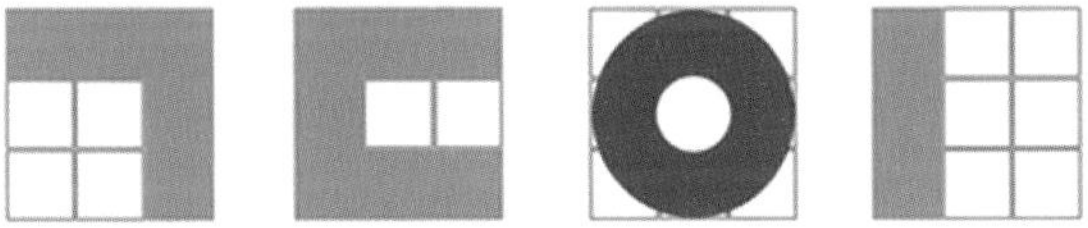

한글 장식과 한글 우산

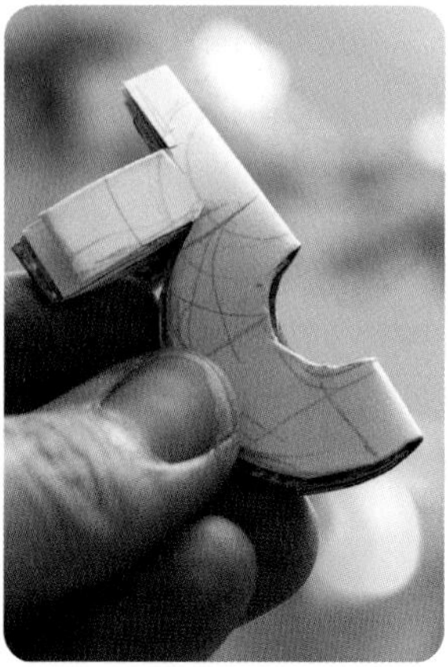

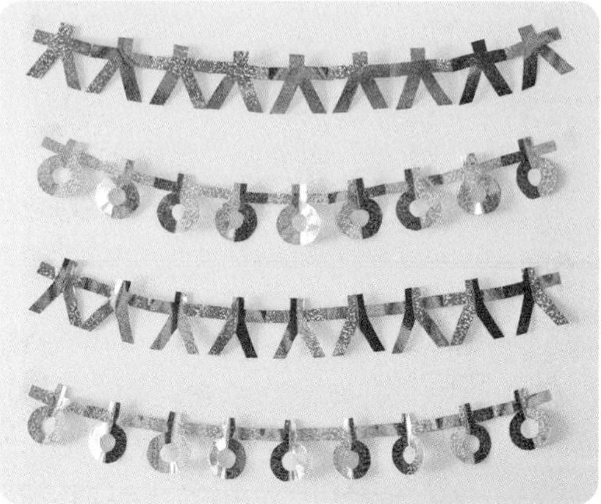

아빠와 아이들이 함께 만든 몸 한글

투명 우산과 종이테이프가 있다면 멋진 한글 우산을 만들어 보세요. 한글은 직선으로 이루어진 글자가 많기 때문에, 테이프를 떼어 하나씩 붙여나가다 보면 금방 완성돼요. 비가 오는 날이니 "ㅂ 우산", 다 같이 웃어보는 "ㅋㅋ 우산", 획 더하기 원리를 살린 "ㅅㅈㅊ 우산" 등 여러분 얼굴만큼이나 다양하고 재미있는 한글우산을 만들 수 있어요.

물건뿐만 아니라 우리 몸으로도 '한글 몸 놀이'를 할 수 있어요. 온몸으로 한글을 표현해 보아요. 혼자서는 만들 수 없는 글자들을 친구, 가족과 함께하다 보면 협동심도 쑥쑥 생길 거예요. 무용가 이숙재 선생님은 이러한 움직임을 아름다운 한글춤으로 발전시키셨답니다.

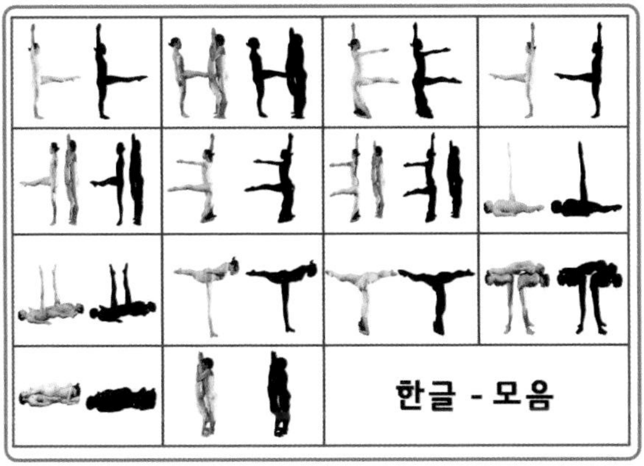

▶ 이숙재아트춤체(Art Dance Typography) Font Example – 한글 (모음)

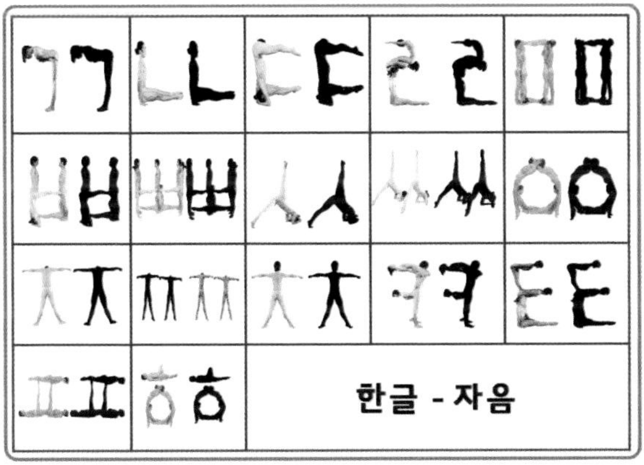

▶ 이숙재아트춤체(Art Dance Typography) Font Example – 한글 (자음)

04 한글 가꿈이가 되는 법은 무엇인가요?

한글 가꿈이가 되는 길은 많이 있지만 몇 가지만 살펴보아요.

첫째는 한글을 바르고 예쁘게 쓰도록 노력하는 것이에요.

한글은 바른 소리글자이지요. 그래서 한글을 되도록 바르고 예쁘게 쓰는 태도가 중요해요. 바른 글씨는 바른 태도에서 나오고 바른 태도는 바른 마음에서 나오지요. 물론 사람 얼굴이 모두 다르듯 글씨도 다 달라요. 그런 개인마다 다른 개성을 살리면서 또박또박 바르게 쓰면 되겠지요. 글씨는 글로 된 얼굴이에요. 진짜 얼굴은 거의 타고 나지만 글씨 얼굴은 얼마든지 더 멋지게 가꿔 나갈 수 있어요.

둘째, 한글로 된 책을 많이 읽고 또 글도 많이 써보아요. 글자는 말을 담기 위한 것이고 또 지식과 정보를 담는 것이지요. 한글이 훌륭한 것은 바로 이런 기능이 뛰어나서 그렇답니다. 그래서 우리 어린이들은 다른 나라 어린이들보다 한글을 먼저 깨우치고 책을 읽을 수 있지요. 그런데도 우리 어린이들이 책을 제대로 많이 읽지는 않는다지요.

셋째, 한글로 된 동시를 외우거나 아름다운 우리말로 된 노래를 많이 부르면 좋겠지요.

발밤발밤 엄마 마중

강순예

울 엄마 언제 오나 늦둥이 내 동생아
머리 좀 긁어보렴, 어디 한 번 긁어보렴.

울 엄마 어디쯤 왔나 늦둥이 내 동생아
머리 좀 긁어보렴, 어디 한번 맞혀보렴.

동생이 머리 긁네, 앞머리를 긁네.

옳지 됐다, 이제 됐다
늦둥이 동생아 울 엄마 마중 가자
손잡고 마중 갈까 등에 업고 마중 갈까.

사립짝 지나 발밤발밤
밭두렁 지나 발밤발밤
사랫길 지나 발밤발밤

저 멀리 마을 어귀 울 엄마 오시겠네,
잰걸음 종종걸음 하얀 달빛 머리에 이고
울 엄마 오시겠네.

데바삐 드바삐 울 엄마 오시겠네.
별이랑 달이랑 별 소붓이 이고
울 엄마 오시겠네.

때로는 아름다운 노랫말이 있는 노래를 자주 듣거나 불러보는 것도 좋을 거예요.

넷째, 한글과 우리말에 대한 지식을 키워요. 일부 어린이들은 영어 공부는 열심히 하면서 우리말과 글에 대한 공부는 게을리하는 어린이들이 있어요.

우리말 뜻

- **발밤발밤**: 한 걸음 한 걸음 천천히 걷는 모양
- **잰걸음**: 보폭이 짧고 빠른 걸음
- **종종걸음**: 발을 가까이 자주 떼며 급히 걷는 걸음 ≒ 동동걸음
- **사립짝**: 나뭇가지를 엮어서 만든 문짝
- **밭두렁**: 밭의 가장자리를 흙으로 둘러막은 두둑
- **사랫길**: 논밭 사이로 난 길
- **데바삐**: 몹시 바쁘게
- **드바삐**: 몹시 바쁘게
- **소붓이**: 물건이 쌓여 있거나 담긴 모양이 불룩하게 많이

이렇게 우리 말글을 온몸으로 가꾸고 쓰면 누구나 우리 말글 가꿈이가 되고 한글 홍보대사가 되는 것이랍니다.

▶ 한글을 쓰는 바른 자세

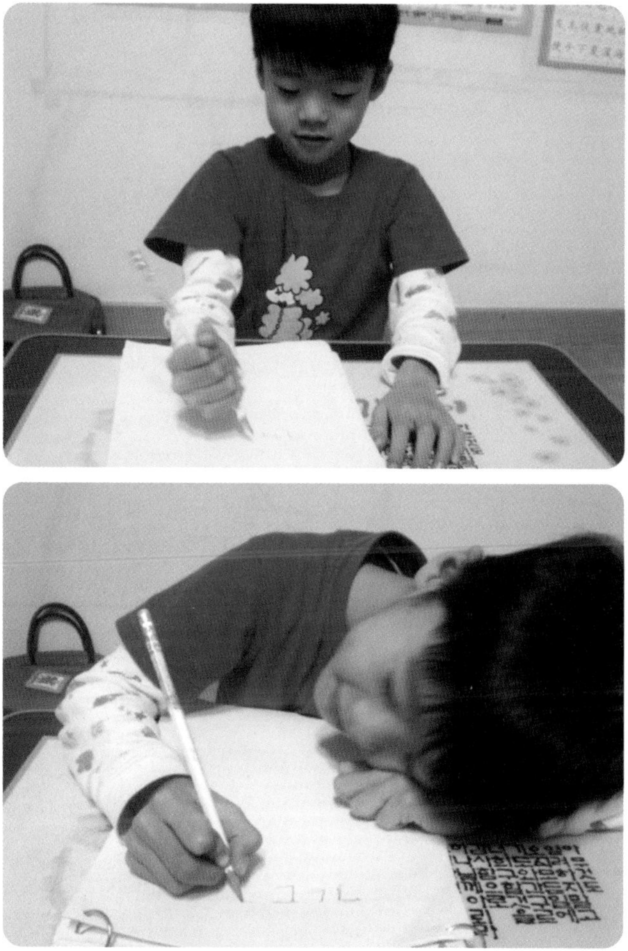

▶ 한글을 쓰는 바르지 않은 자세

부록

한글은 어떻게 발전해 왔나요?

- 1443년(세종 25년) 12월(음력) 세종(이도), 훈민정음(언문) 28자를 창제하다.
- 1446년(세종 28년) 9월 상순(음력) 세종, '훈민정음' 해설서인 《훈민정음》 해례본을 펴내다.
- 1449년(세종 31년) 세종, 직접 지은 찬불가인 《월인천강지곡》을 펴내다. 다른 책들과는 달리 한글을 크게, 한자를 작게 인쇄하다.
- 1459년(세조 5년) 세조, 《훈민정음》 해례본 가운데 세종대왕이 직접 지은 서문과 예의 부분만을 《월인석보》 제1·2권 머리 부분에 실어 펴내다.
- 1527년(중종 22년) 최세진이 지은 《훈몽자회》에 한글 자모 이름이 최초로 기록되다.
- 1687~1692(?)년 김만중, 《서포만필》에서 한글을 '국서(나랏글)'라 부르고, 《구운몽》 등의 한글소설을 쓰다.
- 1891년 헐버트, 우리나라 최초의 한글 전용 인문지리 교과서 《사민필지》를 출간하다.
- 1895년 고종, '국문'을 기본으로 하고 국한문 혼용을 허용

하는 국문 칙령을 5월 1일에 반포하다.(내각에는 1894년 11월 21일에 지시)

- 1896년 서재필, 최초의 한글 신문 《독립신문》을 창간하다.(창간호는《독닙신문》)
- 1896년 주시경, 국문동식회를 창립하여 오늘날 한글 맞춤법의 기초를 세우다.
- 1897년 이봉운, 《국문정리》를 펴내다.
- 1907년 국문 연구 기관인 국문연구소를 7월 8일에 학부에 설립하여 한글 맞춤법을 연구하다.(1909년 12월 28일 연구보고서인《국문연구의정안》을 제출)
- 1908년 주시경이 힘써 8월 31일에 국어연구학회(회장:김정진)를 창립하다.
- 1910년 주시경 한나라말 발표하다.(보중친목회보 1호): 말이 오르면 나라도 오르고 말이 내리면 나라도 내리나니라.
- 1921년 조선어연구회 발기인 대회를 열다.
- 1926년 11월 4일(음력 9월 29일) 조선어연구회와 신민사가 함께 '가갸날'을 선포(한글 반포 8회갑=480돌)하다.

- 1929년 이극로, 신명균, 이윤재, 이중건, 최현배 등의 주도로 조선어사전편찬회가 결성되어 우리말사전(조선말큰사전) 편찬사업을 시작하다.(이후 《큰사전》으로 발간)
- 1932년 조선어학회에서 우리나라 최초의 국어학-언어학 학술지 《한글》을 창간하다.(1927년 2월 10일, 조선어연구회 동인지 《한글》 발간)
- 1933년 '한글 맞춤법 통일안'을 책으로 펴내 10월 29일에 공포하다.
- 1936년 표준어사정안인 《조선어 표준말 모음》을 발표하다.
- 1940년 경상북도 안동에서 세종이 1446년에 펴낸 《훈민정음》(해례본) 원본을 이용준이 발견하고 전형필이 소장하다.(간송 미술관 소장)
- 1945년 해방 이후 최초의 대한민국 공식 국어교과서인 《한글 첫걸음》이 9월에 발행되다.
- 1945년 10월 9일 조선어 학회에서는 《훈민정음》 해례본에 따라 음력 9월 10일을 훈민정음 반포일로 잡았고 이를 양력으로 환산하여 1446년 10월 9일이 한글 반포의 날임을 확정하다.

- 1948년 국회에서 『한글전용법』이 통과되다.
- 1957년 한글학회, 《큰사전》 6권을 모두 펴내다.(1947년 첫째 권 출간)
- 1968년 한글전용 5개년 계획(국무회의)이 5월 2일에 의결되다.
- 1988년 한글전용 신문인 《한겨레신문》이 국민모금으로 5월 15일에 창간되다.
- 1991년 국립국어연구원(초대 원장 안병희)이 1월 23일에 설립되다.(2004년 '국립국어원'으로 명칭이 바뀜)
- 2005년 국어 발전과 진흥에 관한 기본 법령으로 『국어기본법』을 1월 27일에 제정하다.
- 2006년 한글날을 국경일로 지정하다.(공휴일은 아님)
- 2012년 한글날을 공휴일로 다시 지정하는 법령을 공포하다.
- 2014년 국립한글박물관을 열다.
- 2015년 《훈민정음》 해례본 간송미술문화재단에서 최초 복간본을 간행하다.(교보문고, 해설: 김슬옹)

지은이 김슬옹

여주 늘푸른자연학교 명예교장이신 김슬옹 선생님은 철도고등학교 1학년 때 한글 운동에 뛰어들어 우리 말글의 슬기롭고 옹골찬 옹달샘이 되고자 '슬옹'이라 이름을 지었답니다. 35년간의 한글 운동과 연구 공로로 문화체육부장관상을 받았고, 2018년 으뜸 한글 알림이 방탄소년단과 함께 으뜸 한글 지킴이로 뽑힌 바 있습니다. 2019년 대한민국 한류 대상, 자랑스러운 한국인대상을 받았고, '동아리'라는 말을 백기완 선생님과 함께 처음으로 퍼뜨리기도 했지요.

세종국어문화원 원장, 훈민정음가치연구소 소장, 한국외국어대학교 객원교수, 세종대왕기념사업회 전문위원, 한글학회 연구위원, 한글문화연대 운영위원, 세종나신곳 성역화국민위원회 사무총장, 전국독서새물결모임 독서교육연구소장, 짚신문학회 부회장, 서울시 국어바르게쓰기 부위원장으로 활동하고 있답니다.

지은 책으로는 『조선시대의 훈민정음 발달사』(역락) 등 86권(공저 포함)이 있습니다.

그린이 강수현

강수현 선생님은 홍익대학교 산업디자인과를 다니며 한글 맵시꾼의 꿈을 꾸었습니다. 안양 석수도서관에서 김슬옹 선생님의 훈민정음 강의를 감명 깊게 듣고, 한글사랑의 뜻을 함께한 엄마들과 '멋을 더한 한글' 동아리를 조직하여 한글 디자인 제품들을 직접 만들고 알리는 활동을 펼치고 있습니다. 지우개나 우산 등 일상 재료를 이용하여 누구나 '한글의 아름다움'을 누리는 세상을 꿈꾸며 세종한말글연구소 선임연구원으로 일하고 있습니다.
2014년 한글문화 큰잔치 대국민 공모전에서 '보람기림상', 제10회 한글 문화상품, 아이디어 공모전에서 '좋은상', 우리말 사랑 동아리 2기 '늘찬상'을 수상하였습니다.

이 책은 아래 책자를 기본으로 삼았습니다.

* 국어문화운동본부(김슬옹 대표 집필)(2013), 『누구나 알아야 할 한글 이야기 10+9』, 문화체육관광부.
* 국어문화운동본부(김슬옹 대표 집필)(2014), 『누구나 알아야 할 한글 이야기 3+5』, 문화체육관광부.

누구나 알아야 할 훈민정음, 한글 이야기 28

초판 1쇄 발행 2015년 10월 9일
초판 2쇄 발행 2016년 10월 31일
초판 3쇄 발행 2021년 1월 8일

지 은 이 김슬옹
그 린 이 강수현
펴 낸 이 최종숙
펴 낸 곳 글누림출판사

진 행 이태곤
디 자 인 안혜진
편 집 문선희 권분옥 임애정 강윤경 김선예
마 케 팅 박태훈 안현진

주 소 서울시 서초구 동광로 46길 6-6(반포4동 577-25) 문창빌딩 2층(06589)
전 화 02-3409-2055(대표), 2058(영업)
팩 스 02-3409-2059
전자메일 nurim3888@hanmail.net
홈페이지 www.geulnurim.co.kr
등록번호 제303-2005-000038호(2005. 10. 5)

정가 10,000원
ISBN 978-89-6327-321-1 03710

*이 도서의 국립중앙도서관 출판예정도서목록(CIP)은 서지정보유통지원시스템 홈페이지(http://seoji.nl.go.kr)와 국가자료공동목록시스템(http://www.nl.go.kr/kolisnet)에서 이용하실 수 있습니다.(CIP제어번호: CIP2015025976)